T0178947

ORACIONES PELIGROSAS

ORACIONES PELIGROSAS

Porque seguir a Jesús
siempre ha sido arriesgado

CRAIG GROESCHEL

ORIGEN

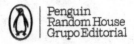

Penguin
Random House
Grupo Editorial

Título original:
Dangerous Prayers: Because Following Jesus Was Never Meant To Be Safe

Publicado bajo acuerdo con Thomas Nelson,
una división de HarperCollins Christian Publishing Inc.

Primera edición: enero de 2021

© 2020, Craig Groeschel
© 2021, Penguin Random House Grupo Editorial USA, LLC.
8950 SW 74th Court, Suite 2010
Miami, FL 33156

Traducción: Melanie Márquez Adams
Adaptación del diseño de cubierta de Stephen Cox: Penguin Random House Grupo Editorial
Ilustración de cubierta: Dominio público
Foto del autor: Robby Doland O Life.Church POR CONFIRMAR

Las citas bíblicas fueron tomadas de la Biblia Reina Valera 1960 © Sociedades Bíblicas en América
Latina, 1960 (RVR60), excepto cuando en el original se marca el uso de la versión NLT, en cuyo caso se
utilizó en español la Nueva Traducción Viviente (NTV).

Impreso en Estados Unidos / *Printed in USA*

ISBN: 978-1-64473-281-6

Este libro está dedicado a mi madre.
Gracias por orar fielmente todos estos años.
Tus oraciones hicieron la diferencia.
Te amo y te honro.

¡Gracias por comprar *Oraciones peligrosas*!
Todas las ganancias del autor
que provengan de este libro apoyarán
esfuerzos para el acceso y la traducción de la Biblia
a través de la aplicación *YouVersion Bible*.

ÍNDICE

TERCERA PARTE: ENVÍAME

POR QUÉ TUS ORACIONES DEBEN SER PELIGROSAS

«Oye, Craig, ¿crees que Dios todavía hace milagros?».

«Por supuesto», dije.

«Qué bueno, porque tus oraciones son muy *aburridas*».

Traté de reírme con él, pero la broma de mi amigo me dolió, sobre todo porque tenía razón. Era la época en que había empezado a trabajar en el ministerio y acabábamos de salir juntos de un servicio de oración. Mi amigo me conocía lo suficientemente bien como para bromear conmigo, pero sospecho que también estaba intentando señalar algo. Al quedarme sin palabras, no ofrecí ninguna defensa mientras procesaba la verdad de su observación. No podía negar que él estaba señalando un secreto que yo sabía, pero que no quería admitir: mis oraciones eran patéticas.

Como pastor joven en esa época, debería haber tenido más control sobre la oración. Es una de esas responsabilidades laborales, como predicar y saludar a las personas luego del servicio, que debería haber dominado. Pero hacer oraciones largas, enfocadas, elocuentes y poderosas al Dios que no podía ver, siempre había sido un desafío para mí. No me sentía cómodo orando en un dialecto formal, como si intentara actuar en una obra de Shakespeare. Pero tampoco me sentía satisfecho de hablar por hablar, en un tono casual y de confianza excesiva, con el Creador y Sustentador del universo.

Incluso cuando oraba, me costaba concentrarme por mucho tiempo. Lo que significaba que me esforzaba aún más en la siguiente ocasión. Pero por mucho que me esforzaba, siempre parecía volver a caer en la misma vieja rutina de oración. Oraba por las mismas cosas. De la misma manera. Usualmente a la misma hora.

Mirando hacia atrás, me pregunto si a veces Dios se aburría de mis oraciones. Cuando oraba «Señor, cuídanos en nuestros viajes y mantennos a salvo», me lo imaginaba diciendo, «¿Qué te preocupa? Simplemente conduce dentro del límite de velocidad y usa el cinturón de seguridad. Estarás bien». O cuando oraba «Señor, bendice nuestros alimentos», sabía que probablemente él estaba pensando, «¿En serio? ¿Quieres que bendiga macarrones con queso de caja y unas papas fritas?».

Mientras estudiaba más la Biblia, me maravillaba de la variedad de oraciones hechas por el pueblo de Dios. No solo oraban por cosas que eran increíblemente personales —concebir un hijo, por ejemplo (1 Samuel 1:27)— pero con frecuencia sus oraciones eran también muy prácticas, por alimento y provisión (Mateo 6:11) y librarse de sus enemigos (Salmo 59 1:2). A veces parecían susurrar sutilmente a un Dios amoroso. Otras veces clamaban con agonía y frustración.

A menudo suplicaban a Dios con sinceridad. Más tarde clamaban desde lo más profundo de su angustia y maldecían a Dios como un bebé agotado que patalea en los brazos de su papá o su mamá. Oraban por valentía para compartir su fe. Oraban por la caída de muros, tanto internos como externos. Daniel oró para que se cerraran las bocas de los leones hambrientos, y Jonás oró para que se abriera el vientre de una ballena hambrienta. Gedeón oró para que su lana estuviera mojada un día y seca al otro. El pueblo de Dios oraba tanto si estaba lleno de dicha como si estaba abatido por el dolor.

Sus oraciones eran honestas. Desesperadas. Exaltadas. Valientes. Auténticas.

Y ahí estaba yo, orando para que Dios me mantuviera a salvo y bendijera mi hamburguesa y papas fritas.

Mi amigo tenía razón.

Mis oraciones eran aburridas.

Quizás puedas identificarte. No es que no creas en la oración. Lo haces. Pero estás atrapado en una rutina. Oras por las mismas dificultades y por las mismas peticiones. De la misma manera. A la misma hora. Y eso si es que incluso tratas de orar. Como yo, probablemente sepas que deberías orar más. Y con más pasión. Más fe. Deseas hablar con Dios y escucharlo, compartir una conversación íntima como lo harías con tu cónyuge o tu mejor amigo. Realmente lo deseas, pero no estás seguro de cómo hacerlo. Por lo tanto, tus oraciones permanecen cautelosas.

Monótonas. Sosas. Predecibles. Anticuadas.

Aburridas.

La llamada de atención de mi amigo me convenció de que era hora de un cambio en mi vida de oración. Durante demasiado tiempo, había tolerado oraciones mediocres, incrédulas y, sobre todo, vacías. Sabía que Dios quería más de mí y yo quería conocerlo más íntimamente, a pesar de mi incertidumbre sobre lo que eso requeriría de mí.

Para llegar allí, empecé por desempacar parte de mi bagaje espiritual. Durante años, había sentido una profunda vergüenza por mi desganada vida de oración —yo, un pastor. Si alguna vez te has sentido inseguro acerca de tu vida de oración, piensa en lo que significa ser pastor. Se supone que debo ser un guerrero de la oración, lleno de una fe feroz e implacable y de un poder desenfrenado guiado por el Espíritu. Sin embargo, me encontraba a la deriva mientras trataba de orar.

En medio de una oración, ya sea orando en silencio o en voz alta, mi mente rebotaba de una cosa a otra. *Querido Dios en el cielo, oro para que sanes a mi amiga que tiene cáncer. Intervén en su vida ahora en nombre de... Debería ir al hospital a visitarla de nuevo. Oh, espera, no he cambiado el aceite del auto. Y se nos ha terminado el cereal. Los niños me van a matar. Y Amy tiene hoy una cita con el doctor —¿Pagamos la última factura del seguro? ¡No puedo creer cuánto va a subir este año! Oh, sí, el sermón de esta semana —todavía necesito encontrar un buen ejemplo... Oh, lo siento, Señor, ¿de qué estábamos hablando?*

Para empeorar las cosas, siempre tuve pavor a las reuniones de oración (hablando de sentirse culpable). Parecen durar una eternidad junto a personas que no solo saben orar, sino que también les encanta orar. Sin mencionar que cada vez que debes tomarte de la mano con otros a la hora de la oración, las cosas se pueden volver raras muy rápido. De un lado está siempre la mano Atornilladora. Mientras más fuerte ora, más fuerte aprieta. «¡Señor, atamos la obra del diablo, EN EL NOMBRE DE JESÚS!». Aprieta. Aprieta. *Aprieta.* Tus nudillos se vuelven blancos y vas perdiendo la sensación en tu antebrazo. Pero del otro lado, a menudo tienes la mano Pez, una mano fría y sin pulso que apenas agarra la tuya. La mano Atornilladora corta tu circulación mientras que la mano Pez te pone ansioso por librarte de ese apéndice pegajoso que se hace pasar por una mano.

Y siempre está el Orador Poderoso, la persona a la que le encanta orar en voz alta y de manera orgullosa. Sabemos bien cuál, la que cita un montón de versículos bíblicos y te hace sentir aún más inadecuado: «Señor, dijiste en tu Palabra en Deuteronomio 28 que nos pondrías por cabeza, y no por cola. Sabemos por Juan 3:16, Señor, que de tal manera amaste al mundo». Con tantos números arrojados, al final sientes que has estado escuchando una conferencia sobre contabilidad.

Luego siempre está el Competidor. Cuando era un cristiano nuevo en la universidad, con frecuencia experimentaba este tipo de oración con mi compañero de cuarto. Él oraba en voz alta y por bastante tiempo, sonando muy seguro de sí mismo, mientras mostraba su vasto conocimiento acerca de Dios y la Biblia. Con la presión por no ser superado, yo hacía un gran esfuerzo, pero generalmente lo llevaba demasiado lejos. Como no sabía mucho acerca de la Biblia en ese entonces, simplemente decía cosas que sonaban poderosas y como salidas de la Biblia. «Señor, tú dijiste en tu Palabra que no eres solo Jehová Jireh, pero que también eres Jehová... eh... veamos... este... Jehová Ni... eh... Nissan. Sí, ¡tú eres Jehová NISSAN! Y, Señor, tú eres bueno. Eres bueno... eh... eres bueno... Dios, eres bueno hasta la última gota. Y tu Palabra es tan dulce, como miel en nuestros labios, y tiene un sabor tan agradable... un sabor que... eh... se derrite... en nuestras bocas...y no en nuestras manos. Oh, Dios, como un buen vecino... ¡tú siempre estás ahí!».

Estos no eran mis únicos problemas con la oración. Con demasiada frecuencia, orar no tenía ningún sentido. Parecía que Dios a menudo respondía rápidamente a mis peticiones sin sentido, como aquella vez que casi en broma le pedí que arreglara nuestra unidad de aire acondicionado rota, y lo hizo. Pero luego ayunaba durante días y oraba por meses para que Dios sanara a un amigo de una enfermedad, y no lo hacía. A veces creía en el poder de la oración, y otras veces me preguntaba si se trataba de una gran pérdida de tiempo.

Desde esos primeros años, he aprendido mucho sobre la oración.

Jesús reiteradamente criticó a los fariseos por hacer oraciones largas, elaboradas y escandalosas que carecían de autenticidad. Cristo nos enseñó, «Y cuando ores, no seas como los hipócritas; porque ellos aman el orar en pie en las sinagogas y en las esquinas de las calles, para ser vistos de los hombres; de cierto os digo que ya tienen su recompensa» (Mateo 6:5).

> En primer lugar, a Dios le molestan las oraciones llamativas, por lo que no hay presión en ese sentido, y no hay otra forma correcta de oración distinta a ser abiertos y honestos con Él.

En lugar de largas, elaboradas y escandalosas, las oraciones que conmueven a Dios son simples, auténticas y sinceras. Pero simple no es lo mismo que cauteloso o seguro. Y esa es la razón por la que me veo llamado a escribir este libro. El mayor error que cometí en mi vida de oración, la razón por la que mis oraciones eran tan poco convincentes es porque oraba con demasiada cautela. Me encontraba en una zona de confort con Dios, construida sobre una comunicación débil y poco entusiasta. Ni ardía ni helaba. Mis oraciones eran a medias. Pero las oraciones a medias y seguras no nos acercan a Dios ni tampoco nos ayudan a revelar su amor por este mundo.

Las oraciones son inherentemente peligrosas.

Esta idea sobre la oración se me ocurrió al leer acerca de la ocasión en que Jesús habló con su Padre en el jardín de Getsemaní, poco tiempo antes de entregar su vida en la cruz. Sabiendo lo que estaba por venir, Jesús le preguntó a Dios si había otra manera. Entonces Jesús, no cualquier discípulo o cualquier persona en la Biblia, sino J-E-S-Ú-S, el Hijo de Dios, hizo una oración vulnerable y peligrosa de sumisión: «Sin embargo, quiero que se haga tu voluntad, no la mía» (Lucas 22:42 NTV).

> Jesús nunca nos pide que hagamos algo que Él mismo no haría. Nos llama a una vida de fe, no a una vida de comodidad.

Jesús nunca nos pide que hagamos algo que Él mismo no haría. Nos llama a una vida de fe, no a una vida de comodidad. En lugar de acudir a Él por un estilo de vida más seguro, más fácil y sin estrés, el Hijo de Dios nos reta a arriesgarnos a amar a los demás más que a nosotros mismos. En lugar de satisfacer nuestros deseos cotidianos, nos llama a rechazarlos a cambio de algo eterno. En lugar de vivir en función de nuestros deseos, Él nos dice que carguemos con nuestra cruz diariamente y sigamos su ejemplo. En este libro, exploraremos a fondo estas ideas por medio de tres oraciones poderosas extraídas de las Escrituras. Estas tres oraciones pueden ser breves. Pueden ser simples. Pueden ser sencillas. Pero no son seguras.

En las siguientes tres secciones de este libro, intentaremos aumentar nuestra fe, expandir nuestro corazón y abrir nuestra vida a Dios haciendo estas tres oraciones peligrosas:

EXAMÍNAME.

QUEBRÁNTAME.

ENVÍAME.

Cuando buscamos comunicarnos con Dios por medio de la oración auténtica, vulnerable e íntima, Él no nos envuelve en una burbuja de seguridad espiritual. Por el contrario, Dios rompe nuestra burbuja de «qué gano yo con esto» y nos invita a confiar en Él cuando no sabemos qué va a hacer a continuación. Hay días en que nos sentimos bendecidos. Otros días enfrentamos retos, hostilidad y persecución. Pero cada momento de oración peligrosa estará lleno de su presencia.

Me preocupa que para muchas personas la oración es como comprar un billete de lotería, la oportunidad de una vida aquí en la tierra sin problemas, sin estrés y sin dolor. Para otras, la oración es simplemente una rutina sentimental, como recitar letras de canciones favoritas o una añorada rima de la infancia. Sin embargo, otras oran solo porque se sienten aún más culpables si no lo hacen.

Pero ninguna de estas oraciones refleja la vida que Jesús vino a entregarnos.

En realidad, Él nos llamó a dejarlo todo para seguirlo.

Cuando un joven rico y poderoso se acercó a Jesús para hacer algunas preguntas espirituales de peso, Jesús no bajó el estándar en su respuesta. En cambio, «Jesús, mirándole, le amó, y le dijo: Una cosa te falta: anda, vende todo lo que tienes, y dalo a los pobres, y tendrás tesoro en el cielo; y ven, sígueme» (Marcos 10:21).

Siempre me ha conmovido el hecho de que *antes* de que Jesús le pidiera a aquel hombre dejarlo todo, hizo esta petición audaz amándolo. Jesús deseaba lo mejor para aquel hombre que lo tenía todo en su exterior, pero que aún vivía con un vacío en su interior. Jesús lo amaba y casi lo desafió a que lo abandonara todo para seguirlo.

Jesús no solamente desafió a otros a que dejaran su propia voluntad atrás. Él también vivió una fe peligrosa. Él tocó a leprosos. Mostró gracia a las prostitutas. Y además hizo frente al peligro con valor. Luego nos dijo que podíamos hacer lo que Él hizo, y más.

Y por eso no podemos conformarnos simplemente con pedir a Dios que bendiga nuestros alimentos o con pedirle «quédate hoy con nosotros».

¿Estás listo para algo mejor? ¿Estás harto de ir a lo seguro? ¿Estás listo para hacer oraciones audaces, llenas de fe, que honren a Dios, que cambien vidas y que transformen el mundo?

Si lo estás, este libro es para ti.

Pero quedas advertido. Habrá tropiezos. Cuando empiezas a orar por cosas como «examíname, quebrántame, envíame», puedes experimentar valles. Agresiones. Pruebas. Dolor. Adversidad. Desaliento. Incluso sufrimiento. Pero también habrá el gozo de la fe, el prodigio de los milagros, el alivio de la entrega y el placer de agradar a Dios.

Es hora de dejar de hacer oraciones seguras.

Es hora de empezar a hablar, realmente hablar y realmente escuchar a Dios.

Es hora de hacer oraciones peligrosas.

PRIMERA PARTE

————

Examíname

Examíname, oh, Dios, y conoce mi corazón; pruébame y conoce mis pensamientos. Ve si hay en mí camino de perversidad, y guíame en el camino eterno.

—SALMO 139:23-24

Capítulo 1.1

EXAMÍNAME

Uno de mis primeros descubrimientos acerca de la oración sucedió años atrás cuando operaron a mi madre. Mi familia y yo nos habíamos reunido en el cuarto de hospital de mamá, intentando asegurarle que la cirugía de la mañana siguiente se desarrollaría sin contratiempos. Ella se encontraba lógicamente nerviosa, así que cuando un hombre de mediana edad con traje negro y alzacuellos llamó a la puerta y preguntó si le gustaría que ore por ella, mamá exclamó: «¡Pues claro que quiero que ore por mí!».

Él sonrió y asintió, manteniendo una actitud confiada mientras sacaba del bolsillo de su traje un pequeño y desgastado libro de cuero. De pie junto a su cama, preguntó: «¿Cuál es su preferencia denominacional?».

«Soy solo una... bueno... soy solo una cristiana regular. No tengo una preferencia denominacional. Solo protestante».

Yo sabía que ella había crecido asistiendo a una escuela luterana, pero también que nuestra familia había asistido a una iglesia metodista desde que tengo memoria. En realidad, nunca pareció ser un asunto importante. Sin embargo, por lo visto el capellán no compartía nuestra actitud casual con respecto a las denominaciones.

«Es que... lo siento, señora», dijo, meciéndose de un lado a otro. «Es solamente que me facilitaría saber qué oración debo leer si usted pudiera escoger una denominación con la que se sienta cómoda».

«Bueno, intentemos entonces con la metodista». Mamá sonrió cortésmente, ansiosa por ayudar al capellán a hacer su trabajo.

Aliviado, él le devolvió la sonrisa y hojeó su librito hasta que encontró la página que buscaba. Entonces comenzó a leer la oración, y honestamente, la única razón por la que supimos que se trataba de una oración era porque él nos lo había dicho. Con su voz alegre y monótona, el capellán podría haber estado recitando una rima infantil o su lista de compras.

Antes de que pudiera terminar, mamá lo interrumpió. Tendrías que conocer a mi madre para comprender plenamente el impacto de su interrupción. Ella es la persona más amable, considerada y cariñosa que te puedas imaginar. Te daría su último dólar, atravesaría la ciudad a pie para ayudarte y te escribiría una carta de tres páginas para agradecerte por el regalo que le enviaste. Es absolutamente amable como pocas, pero también es conocida por ser un poco irritable. No solo le encanta divertirse, rara vez se anda con rodeos. Si lo piensa, lo dice. Sin reprimirse.

Mientras el capellán continuaba leyendo su prescrita oración metodista, mi madre lo interrumpió. Lo suficientemente alto como para que la escucharan hasta la estación de enfermeros, en son de broma protestó: «¿Alguien puede conseguirme por favor un capellán que sepa hacer sus propias oraciones?».

Al principio, todos tratamos de no reírnos, pero fue imposible contenernos. Hasta el capellán, ¡pobre hombre!, tuvo que sonreír. Todos en mi familia todavía se ríen cuando volvemos a contar esta historia sobre la franqueza con la que mamá evaluó la manera de orar de este hombre. Pero el argumento de mamá es válido.

Orar de corazón es personal e inconfundible.

Ciertamente no hay nada malo en leer una oración o utilizar las palabras de otra persona para orar. De hecho, leer las oraciones puede ser un buen punto de partida para aprender a orar por tu cuenta.

Orar de corazón es personal e inconfundible.

Sin embargo, con el paso del tiempo, si quieres conocer a Dios de una manera más íntima, empezarás a orar más espontáneamente con oraciones que salen directamente de tu corazón. A medida que tu fe crezca, lo más probable es que tus oraciones broten de tu interior. Tal vez ni siquiera sepas cómo expresarlas con palabras. Son simplemente comunicación entre tú y el Padre, el Dios Todopoderoso viviente. Palabras profundamente personales y tan únicas como tu huella digital.

No tienes que ir muy lejos en los Salmos para encontrar el clamor honesto del corazón de David. Él cuestionó a Dios. Él reclamó a Dios. Él suplicó a Dios. Desde el fondo de su alma, David clamó a su Padre celestial, preguntando. «¿Hasta cuándo, Jehová? ¿Me olvidarás para siempre? ¿Hasta cuándo esconderás tu rostro de mí? ¿Hasta cuándo pondré consejos en mi alma, con tristezas en mi corazón cada día? ¿Hasta cuándo será enaltecido mi enemigo sobre mí?» (Salmo 13:1-2).

Pero me temo que muchos de nosotros no nos sentimos cómodos orando abierta y libremente. Asumimos que hay una manera correcta, mejor o más elocuente. Tendemos a caer en las rutinas y a orar por las mismas cosas una y otra vez. Nos aburrimos de nuestras oraciones.

Y si nos aburrimos de nuestras oraciones, entonces me pregunto si realmente estamos orando.

Capítulo 1.2

VERDAD O RETO

La oración es comunicación sagrada, el lenguaje del anhelo, un diálogo divino entre tú y el Padre celestial, tu *Abba*, tu Papá. Cuando oras, el Dios del universo escucha. Y no solo escucha, sino que también se preocupa sobre lo que tienes que decir, sobre todas las cosas que llevas en tu corazón y que nadie más conoce. Quizás incluso algunas cosas que no conoces. Dios quiere escucharte y hablarte. Quiere comunicarse contigo de la misma manera que te sientas frente a un ser querido y disfrutas de una conversación íntima.

Tus oraciones importan.

Cómo oras importa.

Lo que oras importa.

Tus oraciones conmueven a Dios.

Se nos dice en la Biblia que nos «acerquemos con toda confianza al trono de la gracia de nuestro Dios» (Hebreos 4:16a NTV). No tenemos que acercarnos tímidamente o sentirnos incómodos —podemos presentarnos ante Él con confianza, seguridad y valentía. Cuando oremos de esta manera, entonces «recibiremos su misericordia y encontraremos la gracia que nos ayudará cuando más la necesitemos» (Hebreos 4:16b NTV).

¿Necesitas gracia en tus relaciones con otras personas?

¿Necesitas misericordia por todas las cosas secretas con las que luchas?

¿Necesitas ayuda para sobrevivir el día?

Yo sí. Enormemente. Todos los días. Y en todos los sentidos.

Así que permítanme compartir algo que me ha ayudado a desarrollar músculo espiritual, en lugar de esas oraciones débiles que mi amigo señaló. Se trata simplemente de tres oraciones extraídas de la Biblia que puedes hacer y convertirlas en tuyas. Con esto, simplemente quiero decir que puedes hacerlas con tus propias palabras, permitiendo que se eleven al cielo incluso mientras penetran tus huesos. Son herramientas para enfocar tus oraciones y comunicación con Dios.

Pero debo advertirte: no son oraciones seguras. No son benignas, corteses o a medias. No puedes simplemente memorizarlas con la esperanza de un momento cálido y tierno con Dios.

Estas oraciones requieren fe, valor. Te piden que te arriesgues.

Es casi seguro que te sacarán de tu zona de confort. Para expandirte. Para ayudarte a sentir verdaderamente incómodo. Requerirán que mires profundamente dentro de ti mismo; que dejes de fingir sobre determinados aspectos de tu vida; que seas honesto contigo mismo ante Aquel que te conoce mejor que tú mismo.

Puede ser que estas oraciones derritan tu corazón y abran una conciencia del pecado en tu vida. Puede que te sientas impulsado a dar un paso audaz de fe radical, confiando en Dios a medida que lo sigues y te sales del guion del patrón predecible de tu vida. Es probable que te sientas desafiado a dejar atrás la seguridad, la comodidad y la conveniencia espirituales.

En lugar de una oración segura que sea solo sobre ti, podrías orar primero por los demás, sufriendo por ellos, esperando por ellos, pidiendo a Dios en nombre de ellos.

En lugar de limitarte a pedir protección y seguridad, podrías preguntar qué es lo que quiere Dios que hagas y adónde quiere que vayas.

En lugar de pedirle siempre más, podrías alabarlo por todas las bendiciones que ya ha derramado en tu vida. Luego de reconocer todas estas bendiciones, entonces podrías pedirle que bendiga a alguien más.

En lugar de simplemente marcar una casilla, tus oraciones podrían cambiar la eternidad, sacudir el infierno, asustar a los demonios y agrandar el cielo. ¿Suena extremo? Te prometo que no lo es. Más importante aún, *Dios* lo promete. Si lo llamas, Dios te asegura que escucha los clamores de tu corazón.

Tus oraciones se vuelven peligrosas.

Pero no se suponía que fuera seguro seguir a Jesús.

Él prometió a sus seguidores que enfrentarían problemas (ver Juan 16:33). Jesús advirtió a aquellos que le servían fielmente que serían perseguidos al igual que él (ver Juan 15:20). Jesús nos alerta de los desafíos venideros. Debido a que lo amamos, enfrentaremos pruebas y oposición. Pero incluso en medio de pruebas dolorosas, Jesús nos invita a responder con gracia y a hacer lo que se siente como una oración vulnerable y peligrosa. Jesús dijo: «Pero yo os digo, amad a vuestros enemigos y orad por los que os persiguen» (Mateo 5:44). Ama a los que quieren hacerte daño. Y ora por aquellos que están resueltos a destruirte.

> Si lo llamas, Dios te asegura que escucha los clamores de tu corazón.

¿Te atreves a orar de una manera en la que jamás habías orado? ¿Con todo tu corazón, alma, mente y toda la extensión de tu ser? ¿Qué pasaría en tu vida y en la vida de aquellos a tu alrededor si comenzaras a hacer oraciones peligrosas?

¿Te atreves a averiguarlo?

Capítulo 1.3

EL ESTADO DE TU CORAZÓN

La primera oración viene de David, y es una maravilla. En el Antiguo Testamento vemos a David enfrentarse a los enemigos de Dios a diestra y siniestra. En un arrebato de celos, el rey Saúl acusó falsamente a David de traición y de intentar asesinar al rey. Saúl envió todas sus fuerzas tras David en repetidos intentos de quitarle la vida y eliminar lo que Saúl veía como su mayor amenaza. Y sabía cómo golpear donde más duele: afirmó que David no era fiel a su Dios.

Con todo su corazón, David quería agradar a Dios. Luchó contra su ira para proteger y honrar al rey. Sin embargo, sabiendo que sus motivos no siempre eran perfectos, David entregó su corazón ante Dios e hizo una de las oraciones más vulnerables, transparentes y peligrosas que jamás hayas escuchado. Queriendo honrar a Dios en todos los aspectos de su ser, David oró: «Examíname, oh, Dios, y conoce mi corazón; pruébame y conoce mis pensamientos; y ve si hay en mí camino de perversidad, y guíame en el camino eterno» (Salmo 139: 23-24).

Esta oración no solo es difícil de hacer, sino que es aún más difícil de aplicar y vivirla. Porque si tienes el valor de hacerla, entonces

29

tendrás que ejercitar el valor para vivir lo que Dios te responda. Así que no la hagas si no la vas a hacer con convicción.

Ten cuidado. Esta oración tiene el potencial de doblegarte, de corregirte, de redirigir tu vida, de cambiar la forma en que te ves a ti mismo, de cambiar la forma en que te ven los demás.

Tal vez sigas pensando que esto no es gran cosa. Tal vez te estés preguntando por qué deberías pedirle a Dios que examine tu corazón cuando él ya sabe todo lo que hay dentro de ti. Sabes lo que hay ahí dentro. Él sabe lo que hay ahí dentro. Entonces, ¿por qué preguntar algo tan obvio?

Aquí es donde resulta complicado. En la superficie, parece que debiéramos conocer nuestros propios corazones. ¿Correcto? *Conozco mis motivos. Sé lo que es más importante. Sé por qué hago lo que hago.* Además, podrías decirte a ti mismo, *tengo buen corazón. No trato de lastimar a la gente. Quiero hacer lo correcto. Mi corazón es bueno. Estoy orando, ¿no?*

Pero la Palabra de Dios en realidad revela exactamente lo contrario. Puede ser chocante cuando lo escuches por primera vez, pero Jeremías nos dice una verdad clara. Jeremías era hijo de un sacerdote levítico nacido alrededor del año 650 A. C. Durante el reinado del rey Josías, Dios preparó a este joven profeta para llevar la Palabra de Dios a Israel y a las naciones. Jeremías dice rotundamente que tú, como yo y todos los demás, no tienes buen corazón. De hecho, no solo tu corazón no es bueno, sino que tu corazón es inicuo y pecaminoso en todos sus aspectos. El profeta dijo: «El corazón humano es lo más engañoso que hay, y extremadamente perverso. ¿Quién realmente sabe qué tan malo es?» (Jeremías 17: 9 NTV).

Es fácil fingir que somos buenos de corazón, pero la Biblia nos enseña que nuestro corazón nos engaña y es desesperadamente malvado. En esencia, nuestro corazón tiene que ver con nosotros mismos, no con Cristo. Tiene que ver con lo que es temporal, no eterno. Tiene que ver con lo que es fácil, no lo que es correcto. Está obsesionado con lo que queremos, no con lo que Dios quiere.

Podrías pensar, *no, yo no. Mi corazón es bueno.* Recuerda por favor que, sin Cristo, no lo es. Si pensamos que lo es, estamos siendo engañados por nuestro propio corazón. Nuestra naturaleza original al nacer es pecaminosa. (Nunca tienes que enseñarle a un niño de dos años a ser egoísta, ¿verdad?). Nuestros caminos no son los caminos de Dios. Por eso necesitamos a Cristo. No solo para perdonarnos, sino para transformarnos, para redirigirnos, para hacernos nuevos.

> Nuestros caminos no son los caminos de Dios. Por eso necesitamos a Cristo. No solo para perdonarnos, sino para transformarnos, para redirigirnos, para hacernos nuevos.

Si todavía crees que eres inherentemente bueno, entonces déjame preguntarte, ¿con qué frecuencia mientes? Si respondes «no tan a menudo», probablemente estás mintiendo. Si respondes «nunca», entonces sé que estás mintiendo.

Los estudios de investigación revelan que la mayoría de las personas dicen múltiples mentiras todos los días. No queremos herir los sentimientos de nadie. O deseamos quedar bien, así que exageramos. Pero las mentiras más comunes son las que nos decimos a nosotros mismos. ¿Alguna vez has hecho esto? Te dices a ti mismo lo que crees que es verdad en tu corazón: *No comeré mucho. Lo prometo. Solo un par de bocados.* Y de repente te ves con una bolsa vacía de papas fritas o lamiendo la sartén.

> Las mentiras más comunes son las que nos decimos a nosotros mismos.

Todos nos justificamos. A nadie le gusta enfrentarse a la desagradable verdad de que beben demasiado, piensan en cosas de las que sentirían vergüenza si se supieran, o se ríen de los errores de los demás y comentan a sus espaldas. Y las justificaciones continúan.

Te dices a ti mismo: «no soy materialista; simplemente me gustan las cosas bonitas. No soy un chismoso; solo se los cuento para que puedan orar. No tengo un problema; esto es solo una cosa que hago para salir adelante».

Apuesto a que David tuvo la tentación de arreglárselas cuando estaba huyendo de Saúl para salvar su vida. Podría haber usado alcohol para escapar. Podría haberse enojado, resentido y amargado. O David podría haber conspirado para lastimar al Rey Saúl, justificando sus acciones en nombre de la supervivencia. Pero en lugar de tomar el camino fácil, David eligió uno más atrevido. El «varón conforme a su corazón [de Dios]» (1 Samuel 13:14) decidió orar, sabiendo que su propio corazón era capaz de engañarlo una y otra vez.

Sin Cristo, tu corazón es deshonesto.

Por eso esta oración de David es tremendamente peligrosa.

«Examina mi corazón, Señor».

Capítulo 1.4

OPCIONES DIFÍCILES

Estaba en la escuela secundaria la primera vez que me encontré con la oración peligrosa de David. Los miércoles por la noche en nuestra iglesia metodista, mis amigos y yo íbamos a nuestra reunión semanal del grupo de jóvenes. Si bien no estoy seguro de cuánto crecí espiritualmente en estas reuniones, algunas cosas se destacan. Lo primero tendrían que ser nuestras épicas batallas del juego de cuatro cuadras. No creo que se mencionen juegos de cuatro cuadras en la Biblia, pero uno pensaría que se trataba del Armagedón considerando la forma en que lo jugábamos.

También recuerdo los refrigerios en nuestra pequeña cafetería. Cada semana, algunas de las señoras mayores nos horneaban golosinas: *brownies*, galletas, barras de limón. Algunas semanas iba solo para ver cuál sería el festín. Estas mujeres metodistas se tomaban en serio demostrar la veracidad de la Biblia cuando dice: «Gustad, y ved que es bueno Jehová» (Salmo 34:8).

También recuerdo que los pastores de jóvenes no duraban mucho. La mayoría parecían temporales, como si solo estuvieran de visita para ver si podíamos ser una iglesia en la que quisieran establecerse. Tenía que ser difícil tratar de conectar con un grupo de adolescentes malhumorados, todos tratando de impresionarse unos a otros más que deseando aprender acerca de Dios. A pesar de la rotación de pastores, hubo un muchacho que tuvo un gran impacto en mí.

Debo haber estado en el tercer año de secundaria cuando varios de nosotros abordamos un pequeño autobús para viajar al campamento metodista, ubicado a unas dos horas de nuestra iglesia. El primer día en el campamento, después de un momento de adoración, el pastor del ministerio juvenil enseñó una lección sobre la oración introspectiva de David pidiéndole a Dios que «lo examine». Al final de su lección, nos animó a que cada uno por su cuenta hiciera esa oración una y otra vez, escuchando lo que Dios podría decirnos en respuesta. Yo estaba atento, pero no tenía idea de lo que Dios estaba a punto de poner en marcha en mi vida.

Dejé a la multitud y caminé hasta el borde del patio de recreo donde los árboles no habían sido talados. El aire olía a fresco, como el pino, mientras las nubes blancas se deshacían arriba en el cielo azul. Sentado cerca del borde de la línea de árboles, me tomé la tarea en serio. *Es hora de que aprenda a orar, a orar de verdad.* No podía ver a nadie más alrededor, así que lo dije en voz alta: «Dios, examina mi corazón».

Ojalá pudiera decirte que Dios me mostró que mi corazón era puro, que mis comportamientos eran santos y que mis motivos estaban dirigidos a servirle. Pero ese día, recuerdo claramente haber sentido una respuesta a mi petición. Dios no habló de manera audible, y no vi una señal en el cielo. No hubo separación de nubes ni rayos. Tan solo sentí una presencia muy personal y santa. Y en el mismo momento en que sentí un inconfundible amor celestial, también simultáneamente me di cuenta de la magnitud de mi pecaminosidad.

Era tan hipócrita.

Mis compañeros me habían elegido para ser presidente de nuestro grupo de jóvenes, líder y modelo a seguir para todos los otros chicos de nuestra iglesia. Pero mi vida era una farsa en lo que respecta a mi fe. Actuaba serio y sincero los miércoles por la noche en el grupo de jóvenes y luego festejaba con un grupo más libertino el fin de semana. Fingía que conocía a Dios, pero mi vida y mi corazón revelaban cuán lejos de Él estaba realmente. Aparentaba para uno de los grupos e interpretaba un rol completamente diferente para una audiencia más cómoda.

Así que cuando hice una pausa para orar «examíname» esa tarde en el campamento de la iglesia, me sorprendió la realidad de las profundidades de mi pecado. Años después descubrí un versículo que lo dice bien: «Este pueblo se acerca a mí con su boca, y con sus labios me honra, pero su corazón está lejos de mí» (Isaías 29:13). Hablaba a Dios de labios para afuera, pero mi corazón era perverso. Predicaba, pero no vivía lo predicado. Fingía ser cristiano, pero no conocía al Cristo.

Fue entonces cuando me di cuenta de que cuanto más me acercara a Jesús, más tendría que enfrentar mis faltas. Mi orgullo. Mi egoísmo. Mi lujuria. Mi espíritu crítico.

Hacer esta oración peligrosa ese día abrió un canal de comunicación con Dios que no sabía que existía. En lugar de pedirle simplemente a Dios que hiciera algo *por* mí, le pedí que revelara algo *en* mí. Y me reveló cosas ese día que iniciaron mi camino hacia conocer a Dios personalmente. Me quedó claro que era un desastre. Mentía. Engañaba. Robaba. Hacía lo que quería sin importar a quién lastimara. Lo que había parecido normal ahora se sentía errado. La vida que pensé que quería me llevó a convertirme en alguien que odiaba. Desafortunadamente, este momento de verdad con Dios no me cambió instantáneamente, pero

> Me di cuenta de que cuanto más me acercara a Jesús, más tendría que enfrentar mis faltas.

En lugar de simplemente pedirle a Dios que haga algo por ti, pide a Dios que te revele algo en ti.

me ayudó a reconocer mi necesidad espiritual. Sabía que algo tendría que ser diferente. Y con el tiempo aprendería que ese *algo* era aprender a amar y servir con cada fibra de mi ser a *alguien* llamado Jesús.

Es una oración peligrosa.

Pero es una que podría redirigir tu vida.

«Examíname, Señor».

Capítulo 1.5

REVELA MIS MIEDOS

¿Qué es lo que te pone ansioso? ¿Nervioso? ¿Inestable? ¿Temeroso?

No estoy hablando de miedos externos normales como serpientes, arañas o el miedo a volar. Me pregunto qué te mantiene despierto por la noche, esas cosas que dan vueltas en tu mente y se niegan a ser calladas. Cosas como perder tu trabajo. No estar casado. O estar atrapado en un mal matrimonio. Que tu salud falle. Vaciar tu cuenta de ahorros solo para sobrevivir.

No sabemos qué temores exactos estaban pasando por la mente de David, pero está claro que estaba preocupado por su seguridad y quizás su futuro. Porque después de pedirle a Dios que examinara su corazón, David oró: «conoce mis pensamientos ansiosos» (Salmo 139:23). Quería compartir sus peores temores con Dios para enfrentarlos y darles un nombre. Quería confiar en que Dios era más grande que cualquier temor que David pudiera imaginar.

¿Estás dispuesto a hacer tal oración? «Señor, revela lo que retiene mi mente como rehén. Muéstrame lo que más temo. Adelante, ayúdame a enfrentar lo que me aterroriza».

Quizás te preguntes por qué nuestros «pensamientos ansiosos» son importantes para Dios. No se trata necesariamente de nuestra comodidad y de vivir una vida libre de estrés. Pero la respuesta a esta pregunta es quizás mucho más importante de lo que la mayoría de nosotros entenderíamos en la superficie.

Lo que tememos importa.

Hace años, tuve una revelación sobre este tema que me tocó de una manera muy personal. Dios me mostró que aquello a lo que más temía revelaba dónde confiaba menos en Dios. Después del nacimiento de nuestra tercera hija, Anna, Amy comenzó a tener problemas físicos. Al principio, pensamos que era solo fatiga, pero cuando la mitad de su cuerpo se entumeció, temimos que fuera algo mucho peor. Médico tras médico no pudieron darnos respuestas. A medida que sus síntomas continuaron empeorando, mi confianza en Dios comenzó a debilitarse.

> **Aquello a lo que más tememos revela dónde confiamos menos en Dios.**

Este miedo llevó a otros y por la noche mis pensamientos se descontrolaban. *¿Y si Amy está gravemente enferma? ¿Y si la pierdo? No podría criar a nuestros hijos sin ella. No podría seguir dirigiendo la iglesia. No podría salir adelante.* Entonces me di cuenta. Las cosas que me mantenían despierto por la noche eran las cosas que no confiaba en que Dios se encargara. Me estaba aferrando a ellas, rumiando sobre ellas, tratando de encontrar una manera de controlarlas, de resolver todos mis problemas, de planificar cada contingencia. Afortunadamente, por la gracia de Dios, Amy fue mejorando gradualmente hasta recuperar toda su fuerza, pero sus desafíos expusieron una de mis peores debilidades. El miedo me había consumido.

¿Qué pasa contigo? ¿Cuáles son las áreas a las que te estás aferrando incluso mientras permites que te aterroricen? ¿Qué temores le estás ocultando a Dios?

Piénsalo. Si sientes miedo por el futuro de tu matrimonio, esto es una señal de que no confías plenamente en Dios respecto de tu matrimonio. Si te abruma la preocupación de cómo pagarás tus facturas, esto posiblemente revela que no estás confiando en que Dios sea tu proveedor. Si te paraliza la preocupación con respecto a la seguridad de tus hijos, ¿podría ser que no estás confiando en que Dios los mantendrá a salvo?

Por mi experiencia al hacer esta oración, Dios a menudo ha revelado mis pensamientos ansiosos y los miedos que los alimentan. Uno de los primeros temores que reveló también ha demostrado ser uno de los más persistentes. Me aterroriza fallar. Comenzó cuando era un niño jugando béisbol y me sentía muy asustado de jugar mal delante de mi padre, que alguna vez fue jugador profesional. Como adulto, tengo miedo de equivocarme en mi próximo sermón, en mi próximo proyecto o en mi responsabilidad de ser un buen padre. Tengo mucho miedo de decepcionar a la gente, de no ser suficiente, de no hacer lo que hay que hacer. Siempre me siento inadecuado.

De hecho, mientras escribo las palabras en esta página, me preocupa la salud de mi hija. Mandy tiene veintitrés años, está casada y es tan talentosa como cualquiera que yo conozca. Sin embargo, durante casi tres años, no ha podido funcionar como una persona normal. Hemos hecho más oraciones de las que podríamos contar. Hemos visto médicos en todo el país. Hemos probado las dietas más específicas que puedas imaginar. Hemos probado alternativas naturales e incluso algunas cosas que harían que algunas personas piensen que estamos locos. No solo soy cristiano, soy pastor. Sé que no debería preocuparme. Pero cuando se trata de tus propios hijos, es difícil no dejar que tu mente corra en la dirección equivocada.

Esto me lleva de vuelta a por qué quería escribir este libro. Con todo mi corazón, conozco el poder de hacer oraciones peligrosas.

Y estoy continuamente harto de mis oraciones seguras. No puedo soportar otro día de mi cristianismo egocéntrico. Así que este mensaje arde dentro de mí. Pero me preocupa no poder llevar la idea de mi corazón a la página. ¿Qué pasa si mi escritura no es lo suficientemente poderosa? ¿No te convence? ¿No te doblega? ¿No mueve tu corazón?

Nuestros miedos importan. Porque, en última instancia, nuestros miedos muestran cómo confiamos en nuestros propios esfuerzos y no confiamos en nuestro Salvador. La verdad es que nosotros, tú, yo y todos, siempre somos inadecuados. Nunca somos suficientes. Siempre somos débiles. Pero aquí está lo increíble: cuando somos débiles, el poder de Dios se perfecciona (ver 2 Corintios 12: 9).

> Nuestros miedos importan. Porque, en última instancia, nuestros miedos muestran cómo confiamos en nuestros propios esfuerzos y no confiamos en nuestro Salvador.

Tu mayor temor puede indicarte tu mejor oportunidad de hacer una diferencia en el mundo. Necesitas a Dios para cada momento de cada día. Todo lo que haces de valor nace de su corazón, su poder, su gracia.

Para agradar a Dios, servirle, honrarle, vivir para él, no puedes dejarte llevar por el miedo. Debes ser guiado por la fe. A menudo he dicho que el camino hacia tu mayor potencial suele ser directo a través de tu mayor miedo. La fe te impulsará hacia adelante. De hecho, lo que Dios quiere para ti puede estar del otro lado de lo que más temes. El apóstol Pablo animó a su protegido Timoteo a aferrarse a la fe recordándole: «Dios no nos ha dado un espíritu de temor y timidez, sino de poder, amor y autodisciplina» (2 Timoteo 1:7 NTV).

> Para agradar a Dios, servirle, honrarle, vivir para él, no puedes dejarte llevar por el miedo. Debes ser guiado por la fe.

A lo largo de los siglos, muchos cristianos han creído que el enemigo de Dios, el diablo, intenta influir en los creyentes con mentiras. Si tienes miedo de fallar, es posible que tu enemigo espiritual esté tratando de disuadirte de que hagas aquello para lo que Dios te ha creado. Así que ora y entra en tu miedo. Deja que Dios te impulse hacia adelante por fe. Sin fe, es imposible agradar a Dios. Recuerda que amas agradar a Dios más de lo que temes fallar.

Mientras haces esta oración peligrosa y Él revela lo que te impide seguirlo completamente, no te pierdas la oportunidad de experimentar su amor. Sumérgete en su extravagante gracia. Disfruta de la bondad incondicional de Dios derramada por ti en la vida de Cristo. Recuerda: «el perfecto amor echa fuera el temor» (1 Juan 4:18).

A medida que Dios revela tus temores, también fortalece tu fe. Lo necesitas. Necesitas su presencia. Necesitas su poder. Necesitas que su Espíritu te guíe. Necesitas que su Palabra te fortalezca. La fe no significa que no sientas miedo. La fe significa que no dejas que el miedo te detenga.

Lo que más temes te muestra dónde necesitas crecer con Dios. ¿A qué le temes? ¿Cuáles son tus pensamientos ansiosos?

¿Qué te está mostrando Dios?

¿Dónde necesitas crecer en la fe?

Confía en Él.

Capítulo 1.6

DESCUBRE MIS PECADOS

Si la oración de David no ha parecido ya lo suficientemente peligrosa, entonces me gustaría advertirle amablemente: está a punto de volverse aún más intensa.

David fue llamado «un varón conforme al corazón de Dios» (ver 1 Samuel 13:14 y Hechos 13:22). Se dedicó a la voluntad de Dios y adoró con pasión; dio de manera extravagante y dirigió con valentía. Sin embargo, igualmente cometió errores —y de los grandes. Como tú y como yo, estuvo tentado a pecar y no siempre tomó la decisión correcta. Incluso después de conocer la bondad de Dios y caminar con Él durante la mayor parte de su vida, David todavía llegó a cometer errores. Y por eso dijo esta parte peligrosa de la oración: «Examíname, oh, Dios... conoce mis pensamientos ansiosos... ve si hay en mí camino de perversidad» (Salmo 139:23-24).

Muéstrame si estoy haciendo algo que ofenda o lastime tu corazón.

Escuchar la respuesta de Dios a esta parte de la oración puede ser un desafío. No es fácil porque la mayoría de nosotros somos expertos en justificar nuestras acciones incorrectas. Si eres como yo, eres bueno acusando a los demás e igualmente bueno excusándote. Puedo señalar tus fallas, pero tengo una explicación perfectamente buena de por qué hago algo que tú puedes considerar inapropiado.

Soy bueno para hacer lo que Jesús advirtió en Mateo 7. Puedo señalar la mota de aserrín en tu ojo mientras ignoro la viga en el mío.

> Si eres como yo, eres bueno acusando a los demás e igualmente bueno excusándote.

¿Cómo escuchas de Dios acerca de lo ofensivo que pueda haber en ti? Permíteme sugerirte tres cosas a considerar mientras examinas el corazón de Dios con esta peligrosa oración.

Primero, considera lo que otros te han dicho sobre ti. ¿Hay un área de tu vida, tus hábitos, tus relaciones o tus acciones que otros han sugerido cambiar? ¿Hay algún área de tu vida que sea cuestionada por otros? ¿Tus seres queridos han expresado su preocupación por ti o te han pedido que consideres buscar ayuda?

Cuando estaba en el seminario y tomé una clase de consejería, mi profesora nos enseñó un principio que nunca olvidaré. Ella señaló que si más de dos personas a las que amas y en las que confías te sugieren que tienes un problema, debes reconocer que tienes un problema y abordarlo de inmediato.

Su sabiduría se quedó conmigo a través de los años. Cuando le pidas a Dios que te muestre si tienes comportamientos ofensivos, comienza con lo que otros te han mencionado. ¿Hay algo en tu vida que tus seres queridos consideren que no es saludable o prudente?

Tal vez algunas personas te han dicho que juegas demasiado a los videojuegos. Les preocupa que tienes más para ofrecer, que te estás perdiendo cosas más importantes en la vida.

Quizás alguien ha indicado que bebes demasiado. O que tienes un problema con los analgésicos. O que comes en exceso. Si más de dos amigos o familiares de confianza han indicado esto, tal vez sea el momento de hacer una pausa y prestar atención.

Tal vez has tenido una mala racha en las citas. Tus amigos continúan recordándote que siempre dices que sí al tipo de persona equivocado. En lugar de defender tus acciones, quizás sea el momento de considerar cambiar tus patrones.

En los últimos años, tuve que hacer una pausa y reconocer algo que estaba fuera de control en mi vida. Varias personas indicaron que yo era un esclavo de mi teléfono móvil. Mi esposa, Amy, fue la más vehemente y franca. Los suspiros de mis hijos y sus muecas decían mucho también.

Antes de que tomara en serio su observación amorosa, mis defensas entraron en acción. El argumentador experto emergió. Lo que estoy haciendo es importante. Para ser un buen pastor tengo que estar disponible para la gente. Dirijo una iglesia y mi opinión es importante. Mi presencia en las redes sociales puede ser un buen testimonio. Realmente necesito ver cómo se está desempeñando mi última publicación de Instagram y revisar si hay algún comentario que requiera mi atención.

Pensarías que escuchar de Amy y mis hijos sería suficiente. Pero cuando algunas personas de la oficina lo mencionaron, el consejo de mi antigua profesora de seminario comenzó a resonar en mi cerebro. Así que decidí orar: «Muéstramelo, Dios. Ve si hay un comportamiento ofensivo en mí. ¿Es esto un problema?»

Estaba en el partido de fútbol de mi hijo cuando Dios respondió a mi oración. Estaba respondiendo a un mensaje de texto y me perdí el increíble tiro de esquina de mi hijo que su compañero de equipo dirigió hacia la portería para tomar una ventaja de 1-0 contra el equipo mejor clasificado. Luego, al final de la segunda mitad, con el partido empatado 1-1 y faltando unos minutos para el final, me perdí de ver el gol ganador de mi hijo porque estaba revisando una publicación en las redes sociales.

Dios me lo mostró claramente: me estaba conformando con una realidad falsa y me estaba perdiendo lo que más importaba. Me estaba perdiendo mi vida, perdiendo momentos preciosos con las personas que más amo.

¿Qué hay de ti? ¿Hay algo que otros han estado tratando de ayudarte a ver sobre ti mismo que debe cambiar? Proverbios 12:15 dice: «El camino del necio es derecho en su opinión; mas el que obedece al consejo es sabio». Tal vez sea hora de hacer una pausa y escuchar. Dios puede hablarte a través de quienes más te aman.

> Proverbios 12:15 dice: «El camino del necio es derecho en su opinión; mas el que obedece al consejo es sabio».

Además de considerar lo que otros te han dicho, también considera aquellas cosas que has justificado. ¿Hay algo en tu vida que está mal, pero sigues ignorando las señales de advertencia de la gracia de Dios?

Si soy honesto, mi capacidad de justificar el pecado da miedo. Aunque ahora es algo divertido, hay una historia que no podría ilustrar mejor esta idea. Hace años en la iglesia, criticaba en broma a las personas que conducían por el arcén durante los grandes atascos de tráfico. Lo más probable es que hayas visto esto. El tráfico está detenido en la carretera a lo largo de varias millas cuando, inevitablemente, un conductor se detiene en el arcén del lado derecho de la carretera y pasa por delante de todos los demás que están siguiendo las reglas. Durante el sermón de ese domingo, bromeé acerca de que esas personas respondían a Dios antes de que él las enviara directamente al infierno.

Al día siguiente, un lunes temprano por la mañana, conducía hacia la oficina de la iglesia. Por alguna razón, había más tráfico de lo habitual aproximadamente a lo largo de media milla frente a nuestra iglesia. Esperé pacientemente, preguntándome por qué no nos estábamos moviendo. Después de varios minutos sin ningún movimiento, miré hacia el lado derecho. Nuestra iglesia era dueña de todo el terreno entre el lugar donde estaba atrapado y la entrada a la iglesia. El terreno aún estaba sin urbanizar y el césped era fácil de transitar. Argumenté que el terreno pertenecía a la iglesia, y que, por lo tanto, tenía derecho a conducir por él. Y así lo hice, pasando a otros conductores al costado de la carretera.

Poco sabía yo que iba a pasar por delante de uno de los miembros de nuestra iglesia llamado Mark Dawson. A su lado estaba su hijo pequeño, Alex, quien gritó: «¡Papá, ahí va uno de esos conductores que el pastor Craig odia!». Apenas había terminado de decir esa primera frase cuando gritó en estado de *shock* y consternación: «¡Papá! ¡Ese hombre *es* el pastor Craig!». Menos de veinticuatro horas después de haber despotricado acerca de lo incorrecto que es conducir en el arcén, hice exactamente lo mismo. Señor, muéstrame si hay algún comportamiento ofensivo en mí.

Considera lo que has justificado. ¿Hay un área de tu vida sobre la cual otros hayan expresado preocupación? ¿Y te has defendido? Piensas: no es la gran cosa. Yo puedo con esto. Así es como me las arreglo. Además, no estoy lastimando a nadie. Es mi vida. ¿Quién eres tú para juzgarme? No tengo ningún problema. Estoy bien. Tú sigue con tus asuntos y déjame a mí con los míos.

Esta es otra razón por la cual esta oración peligrosa no solo es importante sino imperativa. Necesitamos la ayuda de Dios para ver el pecado que es difícil de ver en el espejo. Si no tenemos cuidado, podemos terminar como las personas que David describió en el Salmo 36. Él declaró poderosamente: «Se lisonjea, por tanto, en sus propios ojos, de que su iniquidad no será hallada y aborrecida. Las palabras de su boca son iniquidad y fraude; ha dejado de ser cuerdo y de hacer el bien» (Salmo 36: 2-3).

> Necesitamos la ayuda de Dios para ver el pecado que es difícil de ver en el espejo.

¿Con qué frecuencia nos adulamos? No soy como ellos. Estoy bien espiritualmente. No tengo ningún problema. Sin siquiera saberlo, nuestros corazones embusteros nos engañan para que ignoremos nuestro propio pecado. Y las justificaciones continúan.

- No hay nada de malo en mirar pornografía. Todos lo hacen. Además, podría estar haciendo algo mucho peor. No estoy lastimando a nadie.
- No tengo un problema de temperamento. No te gritaría si no hicieras lo que haces. No es mi culpa que me hagas enojar tanto.
- Mi forma de beber no es un problema. Solo tomo unas cervezas para que me ayuden a relajarme. No es como si estuviera bebiendo *whisky* o algo así.
- No estoy contando chismes. No puedo evitar que la gente me confíe cosas. Solo estoy transmitiendo información que probablemente sea cierta. Además, ayuda a otros a saber cómo orar.
- El juego no es un problema para mí. Es solo entretenimiento. Puedo dejar de hacerlo cuando yo quiera.
- No soy egoísta. Simplemente me gustan las cosas bonitas. Deseo lo que me corresponde. He trabajado duro toda mi vida. Merezco cosas buenas en la vida.

El rey David sabía mucho sobre justificarse. Nunca sabremos la historia exacta que se contó a sí mismo antes de llevar a Betsabé a su cama y luego asesinar a su inocente esposo, Urías, para encubrir su pecado (para saber la historia completa, lee 2 Samuel 11-12.). Pero sabiendo cómo funcionan nuestras mentes, supongo que se dijo a sí mismo algo como esto: *Merezco un poco de tiempo libre. He peleado y ganado muchas batallas. Ahora necesito desconectarme.*

Luego, al pasear por el techo de su palacio para relajarse, tal vez mientras disfrutaba de su bebida favorita, el rey notó a una hermosa mujer varias puertas más allá.

Guau… mira eso. ¿Quién es esa chica en el techo? Me siento bastante solo. Me encantaría tener compañía. Me gustaría poder conocerla. Solo voy a averiguar quién es. No haré nada. Solo necesito a alguien con quien hablar.

Luego, después de ordenar a su sirviente que fuera a buscarla y la trajera al palacio, sus justificaciones seguramente continuaron.

Ella está sola. Su esposo probablemente ni siquiera tenga idea de lo que tiene. Soy el rey. Merezco un poco de atención. Nadie lo sabrá jamás. Además, tengo mis necesidades.

Incesantemente, paso a paso, David se dijo a sí mismo mentira tras mentira.

En mi propia vida, he aprendido que estar a la defensiva es una señal de que debo prestar mucha atención y estar abierto a lo que Dios quiera mostrarme. Si alguien está sugiriendo un cambio en tu vida y tú reaccionas a la defensiva, sería prudente que, en lugar de protestar, escucharas. Si sientes que Dios te está intentando señalar algo y tú te apresuras a decirle por qué no necesitas cambiar, esta es una señal clara para hacer una pausa y prestar atención a su advertencia.

He descubierto que cuanto más convencido estoy de que tengo razón en algo, es más probable que me equivoque.

Aprendí esto de la manera difícil, por supuesto. Cuando era un pastor joven, muchas personas sabias se acercaron y me dijeron que ocasionalmente era demasiado crudo en mi manera de predicar. Les preocupaba que mi humor fuera, en el mejor de los casos, subido de tono, y en el peor, inapropiado.

No cambié.

Poco sabían ellos que yo tenía una estrategia. Como un tipo que fue rechazado por predicadores demasiado religiosos, santurrones, iba a mostrarles a todos que yo era un tipo normal y que me divertía como la gente normal. Y que tenía un sentido del humor que haría disfrutar a las personas.

El problema estaba en que mi estándar era conectarme con las personas, pero no honrar a Dios.

Después de que docenas de personas trataron de ayudarme a ver el error de mis actos, finalmente un tipo me ayudó a ver la luz. Después de visitarme por unos minutos durante el almuerzo, probó un acercamiento diferente para ayudarme a ver mis problemas. Comenzó felicitando sinceramente mi forma de predicar. Le encantaba mi pasión. Reconoció que yo estudiaba fielmente. Admiraba mi valor para predicar sobre temas difíciles. Entonces comenzó a alentarme acerca de mi fe en Dios. Me dijo sinceramente que sabía que amaba a las personas que necesitaban a Cristo y que quería honrar a Jesús en mi manera de vivir.

Mientras continuaba fortaleciéndome con sus palabras, me dijo que sabía que yo estaba al tanto de que muchas personas se preocupaban por mi humor crudo. Este hombre sabio me dijo que confiaba en mí y que, en caso de que yo tuviera un problema, sabía que yo escucharía a Dios. En lugar de acusarme, simplemente me animó. «¿Le puedes pedir a Dios que te muestre si esto es algo que Él quiere que cambies?».

> ¿Le puedes pedir a Dios que te muestre si esto es algo que Él quiere que cambies?

Debido a su espíritu amoroso, accedí a pedir eso a Dios. A decir verdad, no pensaba escuchar nada diferente de Él. Dios conocía mi corazón. Dios entendía mi plan.

Así que simplemente hice una oración peligrosa. «Muéstrame si me equivoco, Dios. Muéstrame si necesito cambiar».

No pasó nada.

Nada en absoluto.

Hasta la próxima vez que prediqué.

Sucedió que era el «fin de semana de promoción», cuando los niños de la iglesia pasaban a un nuevo grado o clase. Ese fin de semana, mi hija mayor, Catie, se había graduado de la iglesia de los niños y ahora tenía la edad suficiente para adorar en la «iglesia grande» todas las semanas.

Luego de transcurridos varios minutos de mi mensaje, prediqué con confianza y pasión, mirando a un lado para ver a mi preciosa hija sentada junto a Amy (quien también pensaba que mi humor iba demasiado lejos). Justo antes de contar un chiste que algunos habrían considerado cuestionable, me di cuenta: no quiero que mi hija escuche esto. Nunca quisiera que ella dijera esto. Y en aquel instante, Dios me hizo entender. Las personas tenían razón. Yo era el equivocado. Sin saberlo, había sido grosero, había deshonrado a Dios y había sido irrespetuoso con tantas personas maravillosas.

> Ese lugar en el que había estado más seguro de tener razón era el lugar en el que estaba más equivocado.

Ese lugar en el que había estado más seguro de tener razón era el lugar en el que estaba más equivocado.

Negar la verdad no cambia los hechos.

Estaba pecando contra mi Dios y fue necesario hacer una oración peligrosa para aceptar la dolorosa verdad.

Capítulo 1.7

GUÍAME

¿Estás listo para hacer esta oración peligrosa? ¿Estás preparado para escuchar lo que Dios podría mostrarte mientras lo haces? ¿Tienes la fe para pedir y el valor para obedecer?

Dios, examina mi corazón.

Revela mis pensamientos ansiosos.

Ve si hay algún comportamiento ofensivo en mí.

Y guíame por el camino eterno.

Cada frase de este clamor lleno de fe es importante. Pero está incompleto sin la oración apasionada final: guíame por el camino eterno.

No queremos que Dios solo nos muestre la impureza de nuestro corazón. Queremos más que simplemente conocer nuestros pensamientos temerosos y ansiosos. Deseamos algo más que saber cómo somos ofensivos. Queremos que Dios nos lidere, nos dirija, nos guíe para convertirnos en quien Él quiere que seamos.

Guíanos por el camino eterno.

Cuando hagas una pausa para hacer esta oración y escuches, Dios te hablará. Pero no tomes esta oración a la ligera. No la hagas a medias. Esto no es un juego o un pequeño ejercicio espiritual estéril para ayudarte a tener un mejor día. Esta es una oración que limpia el alma, repara el corazón y altera la eternidad.

«Guíame».

Mientras reflexiono acerca de mi viaje espiritual a través de esta oración, permítanme recapitular lo que Dios me ha estado mostrando.

1. Examina mi corazón, Dios. Dios me mostró mi hipocresía. A menudo le muestro a la gente el yo que quiero que vean. Mis palabras honran a Dios, pero mi corazón puede estar lejos de él.

2. Conoce mis pensamientos ansiosos. Tengo mucho miedo de no estar a la altura. Estoy atormentado por mis inseguridades. Estoy paralizado por el miedo de no tener lo que se necesita para complacer a las personas.

3. Ve si hay algún comportamiento ofensivo en mí. Una y otra vez, he dado más importancia a la aprobación de las personas que a la aprobación de Dios. He luchado con querer agradar a la gente más que con querer expresar mi amor por Dios.

4. Guíame. Y aquí llega el momento de la verdad. Aquí es donde las cosas se vuelven reales. Aquí es donde se vuelve posible un cambio genuino, uno que está lleno del Espíritu y que puede alterar tu vida.

Cuando reúno todas las partes de esta oración peligrosa y escucho lo que Dios quiere mostrarme, queda claro: siempre he luchado por poner la aprobación de las personas antes que la aprobación de Dios. Este es quizás mi defecto espiritual más profundo. Es pecado. Me impide servir a Dios con todo mi corazón. ¿Por qué? Porque obsesionarse con lo que la gente piensa de mí es la forma más rápida de olvidar lo que Dios piensa de mí. Estar obsesionado con la aprobación de los demás es, en una palabra, idolatría.

Entonces pido a Dios ahora que me haga diferente. Más fuerte. Más confiado en Cristo. Más seguro en su amor y vocación. Y está funcionando. Mi manera de predicar es más arriesgada. Mi liderazgo es más ingenioso. Mi sensibilidad hacia su Espíritu es más fuerte. Y como me importa menos lo que piense la gente, me apasiona más lo que piensa Dios. Estoy menos enamorado de este mundo y mi mente está más centrada en la eternidad.

> Siempre he luchado por poner la aprobación de las personas antes que la aprobación de Dios.

Guíame.

Te ruego. Examíname, Dios.

Conoce mis pensamientos ansiosos.

Ve si hay algún comportamiento ofensivo en mí.

Y guíame por el camino eterno.

Mientras lo haces, escucha lo que Dios dice. Permanece atento a lo que te muestra. Mira cómo conecta los puntos y señala tu necesidad más profunda. Pero no te desanimes. Permanece lleno de fe. Descubrir tu necesidad más profunda es un regalo. Es una oportunidad. Es una bendición.

Porque tu necesidad más profunda se convierte en un regalo cuando te lleva a depender de Cristo. Esto es lo que estoy aprendiendo de mi hija, Mandy. Como mencioné anteriormente, ella ha estado luchando contra la fatiga crónica, la fibromialgia y otras complicaciones que han alterado su vida. Cuando le dije que estaba orgulloso de la forma en que estaba llevando la enfermedad, Mandy me detuvo a mitad de la frase.

> Tu necesidad más profunda se convierte en un regalo cuando te lleva a depender de Cristo.

«Papá», dijo, corrigiéndome sutilmente, «he elegido no usar esa palabra. Llevar es una respuesta pasiva a algo que está sucediendo». Yo permanecía pendiente de cada palabra mientras mi preciosa hija le daba a su padre-pastor una lección espiritual. Continuó: «Yo acepto esta situación por completo. Con todo mi ser, creo que Dios la está usando para ayudarme a conocerlo mejor y ayudar a otros a que lo conozcan también».

Limpiando las lágrimas, tuve que reconocer que Dios la había acercado a Él aún más. Y en lugar de permitir que su condición física le robe la oportunidad de hacer la diferencia, cuando Mandy no puede salir, graba mensajes alentadores desde su casa. Al momento de escribir este libro, más de diez mil personas están suscritas a su canal de YouTube para escuchar acerca de su esperanza y fe en Cristo.

Dios hará lo mismo por ti.

En cualquier aspecto en el que te sientas débil, su fuerza está ahí.

En cualquier aspecto en el que estés sufriendo, su consuelo está disponible.

Cuando seas tentado, su gracia te dará una salida.

Permite que tus miedos te lleven a Dios. El temor a Dios es la única cura para el temor a las personas. Si luchas contra la lujuria, deja que la Palabra de Dios renueve tu mente. Si tropiezas con el orgullo, humíllate y Dios te levantará. Si ocultas un pecado secreto, encuentra el perdón confesándolo a Dios y la sanación confesándolo a personas confiables.

Pídele a Dios que te muestre la verdad. Porque la verdad te hará libre. ¿Estás cansado de oraciones aburridas, seguras y estériles? ¿Estás atrapado en una rutina espiritual? ¿Tu fe está entumecida? ¿Tu pasión baja? ¿Deseas más? ¿Estás listo para obedecer?

Luego, aventúrate en las aguas profundas de la comunicación con Dios. Abre tu corazón a la sanación de un Dios divino. Adéntrate en la belleza del perdón y la gracia de Dios. Busca su amor inagotable, incondicional e insaciable. Y ten el valor de hacer esta oración peligrosa. Pero no te limites solo a hacerla. Responde a lo que te muestra. Adéntrate en tu mayor temor y hacia la fe. Acoge tu necesidad más profunda y deja que te lleve a depender de Cristo.

¿Estás listo?

«Examíname, Señor».

Adéntrate en tu mayor temor y hacia la fe. Acoge tu necesidad más profunda y deja que te lleve a depender de Cristo.

———

Quebrántame

Y habiendo dado gracias [Jesús], lo partió [el pan],
y dijo: «Tomad, comed; esto es mi cuerpo que por vosotros es partido;
haced esto en memoria de mí».

—1 CORINTIOS 11:24

SEGUNDA PARTE

Quebrántame

Capítulo 2.1

QUEBRÁNTAME

Hace años, Bruce Wilkinson escribió un libro superventas llamado *La oración de Jabes*. Se enfocaba en un par de versículos de la Biblia en el Antiguo Testamento. Si nunca has oído hablar de Jabes, no es de extrañar. Solo se menciona tres veces en la Biblia, por lo que no conocemos muchos detalles sobre él. Si bien se nos dice que era honorable (1 Crónicas 4: 9), el nombre Jabes en realidad significa «que causa dolor». Su madre lo llamó Jabes porque su nacimiento le había causado mucho dolor (v. 9). La mayoría de los estudiosos de la Biblia creen que su nacimiento debe haber sido excepcionalmente doloroso o traumático para que su madre le diera ese nombre.

Quizás por eso Jabes hizo esta oración en particular: «¡Oh, si me dieras bendición, y ensancharas mi territorio, y si tu mano estuviera conmigo, y me libraras de mal, para que no me dañe!» (v.e 10). Se nos dice que Dios le concedió esta solicitud.

Cuando leí el libro de Wilkinson, me sorprendió la sencillez de esta oración. Bendíceme. Ensancha mi territorio. Que tu mano esté conmigo. Líbrame del daño y del dolor. Este es el tipo de oración que todos queremos hacer, ¿verdad? Bendíceme (dame más de lo que quiero). Protégeme (mantén alejado de mí lo que no quiero). Tiene sentido, ¿verdad?

Aunque he orado diferentes versiones de esta oración, demasiadas veces para contarlas, me he visto obligado a aceptar sus limitaciones. Esta oración, aunque bíblica y útil, se enfoca en lo que queremos, no necesariamente en lo que Dios quiere. Es segura. Es cómoda. Alguien podría incluso argumentar que es poco acertada, incluso egoísta.

Librarme del daño y del dolor tiene sentido. ¿Quién quiere tener dificultades? ¿Quién quiere tener que luchar? Pero me pregunto si igualmente podríamos estar orando: «Dios, no me dejes crecer. No dejes que me haga más fuerte. No me dejes confiar más en ti». Aunque las pruebas nunca son divertidas o fáciles de soportar, Dios a menudo las puede usar para sus propósitos. De hecho, Santiago, el medio hermano de Jesús, fue lo suficientemente valiente para decirnos que debemos estar *agradecidos* por la forma en que Dios usa las dificultades para perfeccionarnos: «Hermanos míos, tened por sumo gozo cuando os halléis en diversas pruebas, sabiendo que la prueba de vuestra fe produce paciencia. Mas tenga la paciencia su obra completa, para que seáis perfectos y cabales, sin que os falte cosa alguna» (Santiago 1: 2-4).

Si oramos solo para protegernos de las pruebas, entonces nos negamos a nosotros mismos nuestra madurez futura. «Señor, mantenme libre de dolor» se siente como algo apropiado que pedir, y a menudo lo es. Pero si ese es nuestro único deseo, nuestra mayor prioridad, entonces podemos perder la perseverancia que producen nuestras pruebas. «Dios, protégeme del daño» parece algo sensato que pedir, y puede serlo. Pero son los desafíos de la vida los que nos ayudan a madurar y acercarnos más a Cristo.

Está bien orar por seguridad y bendiciones, pero ¿y si quieres más? ¿Qué pasa si deseas el poder del Espíritu Santo, la fuerza del cielo, una fe inquebrantable, una intimidad genuina con tu Padre? En lugar de simplemente pedirle a Dios que te mantenga a salvo, te dé más y proteja tu vida, es posible que tengas que pedirle a Dios que te quebrante.

> Si oramos solo para protegernos de las pruebas, entonces nos negamos a nosotros mismos nuestra madurez futura.

Capítulo 2.2

ROMPE TU BURBUJA

A la avanzada edad de veintisiete años, me sentí llamado por Dios a fundar una nueva iglesia. Mi esposa, Amy, compartió mi visión, así que soñamos juntos y seguimos adelante con un plan. Elegimos un nombre para nuestra nueva iglesia e iniciamos los trámites. Reclutamos amigos que ya habían expresado interés en unirse a nosotros e imprimimos invitaciones para enviarlas a otras personas a las que esperábamos incorporar a medida que nuestra nueva iglesia arrancara.

Decir que éramos idealistas sería quedarse corto. Con mucha más fe que sabiduría, imaginé cómo sería. Predicaría mensajes poderosos. La atmósfera sería eléctrica, con una adoración vibrante y una música dinámica. Se reuniría una gran multitud de personas. Se cambiarían vidas. Dios sería honrado. La ciudad sería diferente. Y viviríamos felices para siempre.

Con mi plan claramente trazado en mi mente, me senté a desayunar con uno de mis mentores, Gary Walter. Después de haber ayudado a muchos emprendedores de iglesias jóvenes a fundar iglesias prósperas y vivificantes, Gary era considerado un experto. Con preocupación paternal y la sabiduría de un veterano espiritual, ayudó generosamente a darme dirección y perspectiva. Cuando me preguntó acerca de mis planes, apenas toqué mi plato de huevos con tocino mientras le explicaba con valentía mi visión.

Pero antes de que pudiera convencer a Gary de cómo nuestro pequeño grupo de fieles se convertiría en un movimiento mundial, me detuvo a mitad de la oración. No fue grosero ni brusco, de hecho, todo lo contrario. Nunca olvidaré el tono amoroso, paternal y pastoral de su voz cuando gentilmente me preguntó si podía decirme algo. Cuando asentí con la cabeza, dijo: «Tengo una promesa para ti y solo una promesa». Luego hizo una pausa durante un tiempo incómodamente largo, dejando que asimilara su declaración.

Me apoyé en la mesa, conteniendo la respiración, anticipando lo que diría a continuación. ¿Una promesa? Si solo tenía una, entonces tenía que ser buena. ¿Qué era? Quizás Gary me prometería que Dios me abriría la puerta para declarar las buenas nuevas de Jesús a miles de personas en países de todo el mundo. Que Dios me usaría y usaría nuestra iglesia, para hacer más de lo que yo podría imaginar. Que el mundo sería diferente y mejor gracias a nuestros esfuerzos a través de la iglesia.

«Mi única promesa para ti es esta: Dios te quebrantará». Las palabras de Gary, lentas, deliberadas y cálidas, me aplastaron con su peso.

Yo le devolví la mirada. Mi expresión probablemente mostraba una mezcla de traición y confusión. *¿Qué quieres decir? ¿Dios me quebrantará? ¿Qué clase de promesa es esta? ¿Por qué querría Dios quebrantarme? ¿Qué clase de mentor te dice eso? ¿Y qué clase de Dios permitiría que eso sucediera?*

Lo que sucedió en los siguientes minutos después de esa declaración es confuso. No recuerdo si Gary siguió hablando. O si yo argumenté. O si me quedé allí sentado y dejé que su declaración profética me destrozara. Solo recuerdo el asombro de escuchar esas palabras. Eso era lo último que yo quería escuchar; lo último que quería creer; lo último que quería que sucediera. Quiero decir, estaba obedeciendo a Dios y haciendo lo que él quería que yo hiciera, ¿cierto? ¿No debería pasar todo lo contrario? ¿No debería Dios recompensarme o, al menos, *no* intentar quebrantarme?

Por mucho que deseaba luchar contra la observación de Gary, sabía que lo que decía era cierto.

Él no rompió mi burbuja —la verdad lo hizo.

Dios me quebrantaría.

Y, al menos en teoría, yo estaría mejor debido a eso.

Si sobrevivía.

Una vez que recuperé mi estabilidad, recuerdo a Gary explicando por qué este era el camino que tendría que recorrer. Gary citó a A. W. Tozer, quien dijo: «Es dudoso que Dios pueda bendecir significativamente a un hombre hasta que no lo haya herido profundamente». Recuerdo haber pensado entonces lo que pienso ahora: *No estoy seguro de que me guste esa idea.* ¿Lo creía siquiera?

> «Es dudoso que Dios pueda bendecir significativamente a un hombre hasta que no lo haya herido profundamente».
> —A. W. Tozer

¿Es ese el precio que tenía que pagar para que Dios me utilizara significativamente? ¿No hay un camino más fácil?

Gary me recordó que Dios me amaba. Que siempre tiene en mente lo que es mejor para mí. Pero para que yo pudiera servir plenamente a Dios, tendría que estar vacío de mí mismo. Dios tendría que quebrantarme el orgullo, la confianza en mí mismo, la autosuficiencia. Y Dios también tendría que alejarme de cosas que ni siquiera sabía que necesitaban ser eliminadas de mi vida.

> Para servir plenamente a Dios, tenemos que estar vacíos de nosotros mismos.

Si quería servir para la gloria de Dios, entonces no había otra manera.

Tendría que entregarme a Dios.

Dios tendría que quebrantarme.

Capítulo 2.3

STATU QUO

Cuando pienso en hacer esta oración, «Señor, quebrántame», pienso en una experiencia que Amy y yo tuvimos una vez en nuestro pequeño grupo. En una fría y tempestuosa noche de miércoles de enero, nos sentamos alrededor de una habitación cálida y acogedora con otras siete u ocho parejas hablando, precisamente, de esta oración peligrosa. Me llamó la atención el contraste, si no la ironía, del tema sobre el que estábamos allí para debatir. Afuera probablemente hacía 15 grados Fahrenheit (-9 °C), con una sensación térmica cercana a cero. A pesar del miserable clima que hacía afuera, estábamos sentados en una cómoda sala de estar en sofás de cuero con un cálido fuego ardiendo en la esquina. Con el estómago lleno de chili casero y pan de maíz, nos enfocábamos ahora en lo que significaría hacer una oración tan peligrosa.

Estuvimos de acuerdo en que todos *queríamos* hacerla —y hacerla en serio— pero no podíamos negar el miedo a las consecuencias. La primera mujer que habló, se tomaba en serio la posibilidad, pero reconocía su lucha. Una esposa amorosa y madre de cuatro hijos, había seguido fielmente a Jesús desde que estaba en el segundo año de la escuela secundaria. Servía en el ministerio de niños en la iglesia, daba el diezmo fielmente, ayudaba a niños adoptados, asistía al estudio bíblico semanal y, a menudo, se ofrecía como voluntaria para orar en voz alta en grupos.

Pero cuando se enfrentó a la opción de pedirle a Dios que la quebrantara, se negó. «Lo siento, pero tengo que ser honesta», dijo. «No quiero pedirle a Dios que me quebrante. Tengo miedo de lo que sucederá. Soy una madre con cuatro hijos. Los amo demasiado. Pedirle a Dios que me quebrante es simplemente demasiado aterrador. ¿Qué pasa si me enfermo o me deprimo o me alejo de mi familia?»

La mayoría de las personas del pequeño grupo asintieron con la cabeza. Uno por uno, cada persona explicó por qué dudaban, tenían miedo y no estaban dispuestos a hacer esa oración peligrosa. Así que continuamos hablando de ello, cada uno de nosotros identificándonos y justificando por qué estaba bien no hacer una oración tan peligrosa. Todos nosotros cristianos, descansando cómodamente cerca del fuego, bebiendo café caliente con una música suave de alabanza de fondo.

Al final de ese momento que pasamos juntos, aunque nadie lo oró en voz alta, el clamor de nuestro corazón parecía claro: «Mantennos cómodos, Dios. Mantennos cálidos y protegidos. No nos quebrantes, dolería demasiado. Por favor, mantén las cosas sin complicaciones».

> ¿Qué estamos perdiendo al aferrarnos a nuestra comodidad?

Pero mi pregunta sigue siendo la misma para todos nosotros hoy: ¿qué estamos perdiendo al aferrarnos a nuestra comodidad?

¿Qué nos estamos perdiendo por estar tan comprometidos con evitar el dolor y la incomodidad?

¿Podría haber algo al otro lado del sufrimiento que de alguna manera haga que valga la pena?

¿Podría ser que quebrantarnos fuera tan necesario para nuestro crecimiento como lo es para un pajarito romper el cascarón que lo rodea, o como lo es para una mariposa salir del capullo?

¿Podría ser que el estar quebrantados nos libere para más de lo que podemos imaginar?

Capítulo 2.4

QUEBRANTADO Y LIBERADO

Mirando hacia atrás, ahora veo por qué mi pequeño grupo reaccionó de la manera en que la mayoría de nosotros lo hacemos cuando consideramos orar algo tan arriesgado, realmente osado, como «quebrántame». Pero también sospecho que la mayoría de nosotros no nos damos cuenta de que, al ir a lo seguro, corremos el riesgo de perder algo mucho más valioso que nuestra seguridad y comodidad. No nos damos cuenta de las bendiciones que podríamos encontrar al otro lado del quebrantamiento de Dios.

> No nos damos cuenta de las bendiciones que podríamos encontrar al otro lado del quebrantamiento de Dios.

Veo que estas bendiciones emergen en dos escenas poderosas de la vida de Cristo. Ambas se describen en el libro de Marcos, curiosamente, una tras otra. Si bien pueden parecer no relacionadas en la superficie, hay un tema muy consistente. Algo debe quebrarse para que algo más se pueda liberar.

En el primer ejemplo, Marcos describe la dramática escena en la que una visitante no deseada se aparece en una cena donde Jesús era un invitado. La visitante era una prostituta y los tiempos no han cambiado mucho con respecto a cómo estas mujeres son vistas por los demás. La mayoría de las mujeres las desprecian. La mayoría de los hombres las ven como objetos de transacción o las juzgan o ambas cosas. Pero hay que tener en cuenta que ninguna mujer crece aspirando a ser una dama de la noche, como solía llamarlas mi abuela. En la mayoría de los casos, la desesperación lleva a una persona a vender su cuerpo para sobrevivir. Es probable que muchas se sientan impotentes, atrapadas sin opciones para poder mejorar su vida.

Lo mismo sucedía en los días de Jesús. Si una mujer joven se convertía en prostituta, era solo porque estaba desesperada más allá de toda medida. No habría encontrado ninguna otra opción. Quizás era madre soltera y temía que sus hijos pasaran hambre. Tal vez la habían vendido como esclava y no veía otra salida. Quizás había sido abusada durante toda su vida, no tenía autoestima y simplemente no creía que fuera digna de nada más que usar su cuerpo para sobrevivir.

No conocemos muchos detalles sobre la mujer de la historia. Pero sabemos lo que hacía para ganarse la vida. Y sabemos que, en algún lugar, en algún momento, de alguna manera, se encontró con el amor de Cristo. No sabemos exactamente cuándo conoció a Jesús o qué le dijo. No sabemos si otros observaron su transformación o si ella experimentó el amor de Dios sola en algún lugar de un camino de tierra. Lo único que sabemos con seguridad es que conoció a Cristo. Y que ella sabía con certeza que Jesús era diferente.

De alguna manera, en algún momento, Él le mostró su amor incondicional cuando ella solo había conocido el abuso. La trató con dignidad. Él le mostró respeto. La honró cuando los demás la colmaban de vergüenza. Jesús le habría mostrado el mismo amor, la misma gracia, la misma misericordia que le ofreció a todos los pecadores arrepentidos que había conocido. Aunque ella habría estado llena de vergüenza, él la ayudó a sentirse digna. Aunque ella se habría sentido despreciable, él le mostró que tenía valor. Aunque ella era culpable de pecado, Jesús le ofreció su gracia.

Entonces esta mujer quiso hacer algo para mostrar su gratitud. Sabiendo que Jesús y sus discípulos estaban en casa de Simón el Leproso, entró para dar las gracias a su Redentor. Ya se tratase de algo premeditado o espontáneo —no está claro—, el valor de su extraordinaria ofrenda es evidente. Trajo con ella lo que posiblemente era su posesión más preciada, un frasco caro de perfume exótico, y en un acto de adoración y devoción desenfrenadas: «quebrando el vaso de alabastro, se lo derramó sobre su cabeza» (Marcos 14: 3).

A primera vista, esto puede no parecer gran cosa. ¿Entonces quebró un frasco de Chanel? ¿Y qué? Pero su audiencia reconoció de inmediato la importancia de este regalo en múltiples niveles. Primero, estaba el valor del perfume. Aquel tesoro raro y caro le habría costado a alguien el salario de un año para comprarlo.

Piensa en eso. ¿Cuánto ganas en un año? Ahora imagínate, en un momento, con una sola muestra de adoración, dándole toda esa cantidad a Jesús. Eso es lo que esta mujer hizo. Quebró el frasco y lo dio todo.

Recuerda, esta mujer no estaba haciendo un trabajo que amaba. Un año de salario equivale a un año de vergüenza. Un año de humillaciones. Un año de pecado. ¿Cuántos encuentros terribles tuvo en ese año? ¿Cuántos hombres la usaron y la despreciaron? Sin embargo, ella quebró la botella y adoró a Jesús.

Este regalo repentino impactó a algunas de las personas en la habitación. Aturdidas, se decían indignadas la una a la otra: «'¿Para qué se ha hecho este desperdicio de perfume? Porque podía haberse vendido por más de trescientos denarios, y haberse dado a los pobres'. Y murmuraban contra ella» (Marcos 14: 4-5). Quizás tú y yo hubiéramos reaccionado de la misma manera. Parece un desperdicio, un truco audaz.

Pero no era solo un truco. La magnitud de este acto de devoción desinteresada no terminaba con el valor monetario del contenido del frasco.

En aquellos tiempos, el perfume era algo tan raro que las mujeres comunes no pensaban en comprar o usar perfume. Simplemente no era factible. Costaba demasiado. Entonces, ¿qué personas estaban dispuestas a gastar mucho dinero en fragancias? A las mujeres les gusta esta interrogante. Algunos teólogos creen que las únicas mujeres que usaban perfume eran «las mujeres de la calle». La fragancia era una forma de publicidad. Aquellas que usaban perfume estaban enviando un mensaje osado y fragante: «Estoy disponible... por un precio».

Entonces, cuando esta mujer quebró la botella y derramó el valioso perfume, no solo se estaba desprendiendo del dinero que había ganado. Se estaba desprendiendo de su pasado, su profesión, su sustento. El perfume no solo representaba el trabajo que solía hacer; también representaba lo que podría utilizar para impulsar futuros «negocios». Cuando quebró la botella, cerró puertas. No había marcha atrás. Ella derramó todo el perfume sobre Jesús, como un símbolo de que le entregaba toda su vida.

Quebró el frasco y lo derramó todo.

Lo liberó. Se entregó.

Su acto comunicó más que cualquier palabra.

Jesús, aquí está mi vida.

Es toda tuya.

No estoy guardando nada.

«Señor, puedes tenerlo todo».

> Jesús, aquí está mi vida. Es toda tuya. No estoy guardando nada.

Capítulo 2.5

FRACCIÓN DEL PAN

De quebrar frascos de perfume, Marcos cambia nuestra atención a otra escena en la que el mismo Jesús partió algo. No era un frasco de perfume, sino pan en la mesa que compartía con sus discípulos. Y esta no era una comida cualquiera, sino la que se conoce como la última cena, la reunión final de Jesús, antes de su muerte, con todos sus amigos más cercanos y de mayor confianza. En esta comida íntima, Jesús les ofreció pan y vino, usando el grano y la uva como apoyos visuales para presagiar su sufrimiento y muerte inminentes. Luego invitó a sus discípulos a celebrar la misma comida simbólica en memoria de él durante los años venideros: «Y mientras comían, Jesús tomó pan y bendijo, y lo partió y les dio, diciendo: 'Tomad, esto es mi cuerpo'. Y tomando la copa, y habiendo dado gracias, les dio; y bebieron de ella todos. Y les dijo: 'Esto es mi sangre del nuevo pacto, que por muchos es derramada'» (Marcos 14: 22-24).

Observa exactamente lo que hizo Jesús. Partió el pan y explicó que este partimiento simbolizaba lo que le sucedería a él, a su cuerpo. Estaría partido, magullado y aplastado. Su espalda sufriría las marcas de una flagelación brutal. Su rostro estaría ensangrentado por los puños y su cabeza atravesada por una corona de espinas. Sus manos y pies estarían clavados a vigas de madera. Permanecería colgado recibiendo los escupitajos de la multitud. Se burlarían de él. Lo maldecirían. Jesús estaría rodeado por dos ladrones culpables, aunque Él no habría hecho nada malo. Jesús lucharía por recuperar el aliento. Clamaría a Dios con dolor. Perdonaría a los que lo colgaron. Y daría su vida por nosotros.

Como el pan que partió en la mesa, el cuerpo de Jesús sería partido. Luego, después de compartir el pan con sus discípulos, Jesús levantó una copa de vino. Jesús explicó lenta, deliberada y amorosamente que el vino representaba su sangre. En poco tiempo, derramaría su sangre para cubrir los pecados de los hombres culpables. Él era el Cordero de Dios. El Cordero del sacrificio sería inmolado.

Cuando Jesús miró a los ojos de los que Él había elegido, supo que Pedro lo negaría y Judas lo traicionaría. Sin embargo, continuó amándolos y les explicó que debía ofrecer su vida (Marcos 14:12-31). Como Él les había dicho antes, «No hay un amor más grande que el dar la vida por los amigos» (Juan 15:13 NTV). Su cuerpo sería quebrantado y su sangre derramada.

«No hay un amor más grande que el dar la vida por los amigos» (Juan 15:13 NTV).

El Evangelio de Lucas describió la misma cena, pero señaló algo que Marcos no mencionó. Lucas dijo: «Y [Jesús] tomó el pan y dio gracias, y lo partió y les dio, diciendo: 'Esto es mi cuerpo, que por vosotros es dado; haced esto en memoria de mí'» (Lucas 22:19).

Casi todos los eruditos de la Biblia están de acuerdo en que la instrucción de Jesús de «haced esto» proporciona a los creyentes una forma de recordar, honrar y celebrar su muerte y resurrección. Como resultado, durante siglos, los seguidores de Cristo se han reunido y compartido en este acto de partir el pan, ofrecer vino y participar de ambos en un acto de adoración. Conocida como la Sagrada Comunión, la Cena del Señor o la Eucaristía, esta participación del pan y del vino nos ayuda a recordar el sacrificio extraordinario, el precio que pagó Jesús, para que pudiéramos ser perdonados y estar en eterna comunión con el Padre.

Pero algunos eruditos creen, y yo estoy de acuerdo, que la instrucción de Jesús de «haced esto» incluía más que un simple y breve acto o ritual que involucraba pan y vino. Algunos creen que el «haced esto» de Jesús también se refiere a cómo debemos vivir. No solo recordamos a Jesús durante la Sagrada Comunión en la iglesia; lo recordamos en cómo vivimos nuestras vidas a diario. Porque el cuerpo de Jesús fue quebrantado, porque su sangre fue derramada por nosotros, también nosotros debemos vivir diariamente por él, quebrantados y derramados.

Puede que esto no suene atractivo a primera vista. ¿Quién quiere ser «quebrantado» y «derramado»? Eso suena doloroso en el mejor de los casos, miserable en el peor. Pero es en la entrega de nuestras vidas donde encontramos la verdadera alegría. En lugar de perseguir nuestra voluntad, nos rendimos a la suya. En lugar de intentar llenar nuestras vidas con todo lo que queremos, las vaciamos para hacer una diferencia en las vidas de los demás.

> ¿Quién quiere ser «quebrantado» y «derramado»? Eso suena doloroso en el mejor de los casos, miserable en el peor. Pero es en la entrega de nuestras vidas donde encontramos la verdadera alegría.

Nuestros amigos Jerome y Shanna han acogido a tantos niños necesitados que ni siquiera estoy seguro de que puedan decirte a cuántos chicos lastimados han ayudado. En el proceso, han llorado incontables noches. Han sufrido por la decepción. Y han dado a pesar del dolor. Pero en su generosidad desinteresada, han encontrado alegría. Y cuando les pregunté si harían algo diferente, sin dudarlo, dijeron al unísono: «De ninguna manera. Se nos ha dado tanto. Ahora es nuestro momento de retribuir». Jerome y Shanna conocen de primera mano la bendición de vivir quebrantados y derramados.

Es difícil imaginar lo que los discípulos debieron haber pensado y sentido en ese momento con el Hijo de Dios reunido alrededor de la mesa. No querían que muriera. Lo más probable es que no creyeran que ocurriría. Así que me pregunto si los recuerdos de las cosas que Jesús había dicho anteriormente inundaron sus mentes. «Oh ... guau ... ahora tiene sentido. Jesús nos dijo que si queríamos ser sus discípulos tendríamos que negarnos a nosotros mismos, tomar nuestra cruz y seguirlo» (ver Mateo 16:24).

Nosotros también debemos morir para nosotros mismos, para poder vivir para él. Quebrantados y derramados.

Entonces, los discípulos tal vez recordaron lo que había dicho Jesús después de invitarlos a tomar su cruz. Era tan confuso en ese momento. No tenía sentido en ese contexto caminar junto a Jesús, hablando con Él. Ahora, a la luz del momento, tenía más sentido. Jesús dijo: «Porque todo el que quiera salvar su vida, la perderá; y todo el que pierda su vida por causa de mí, la hallará» (Mateo 16:25). Jesús no nos invita a una vida de comodidad y tranquilidad, sino de entrega y sacrificio. Nuestro mayor deseo no debería ser que se haga nuestra voluntad, sino que se haga la suya. Y Jesús nos invita a morir en nuestras propias vidas, para que podamos vivir momento a momento, día a día, para él. Dejar nuestras acogedoras salas de estar y nuestras oraciones seguras para saber lo que significa ser quebrantados por el bien de los demás.

¿Qué pasaría si cuando Jesús dijo «haced esto», no solo estaba hablando de un ritual que hacemos de vez en cuando en la iglesia? ¿Y si también nos estuviera invitando a ser quebrantados y derramados diariamente? ¿Y si nos estuviera invitando a una vida

> «Porque todo el que quiera salvar su vida, la perderá; y todo el que pierda su vida por causa de mí, la hallará» (Mateo 16:25).

de humildad, sacrificio, generosidad y alegría? ¿Qué pasaría si en lugar de orar *Señor, cuídame, protégeme y bendíceme*, invitáramos a Dios a hacer algo más profundo en nuestras vidas?

¿Qué pasaría si reconociéramos que las cargas pueden, con la ayuda de Dios, convertirse en bendiciones? ¿Qué pasaría si aceptáramos la verdad de que los problemas pueden hacernos más fuertes? ¿Que las pruebas pueden fortalecer nuestra fe? ¿Que el dolor puede hacernos más compasivos ante la difícil situación de los demás? ¿Que el sufrimiento puede acercarnos más a Cristo?

¿Qué pasaría si tuviéramos el valor, la audacia, la fe para orar *Quebrántame, Señor*? ¿Qué pasaría si nosotros también viviéramos vidas quebrantadas y derramadas por Cristo?

Capítulo 2.6

CAJA SORPRESA

Al momento de comenzar nuestra iglesia, mi mentor Gary me había hecho una promesa audaz, una que yo jamás hubiera imaginado escuchar: «Dios te quebrantará».

Mostró tanta confianza en su declaración profética que nunca dudé de él. No solo estaba seguro de que Dios eventualmente me quebrantaría, sino que él estaba aún más seguro de que Dios lo usaría. El «quebrantamiento» me haría mejor. Mejoraría mi liderazgo. Profundizaría mi fe. Incrementaría mi intimidad con Jesús.

Entonces comencé a hacer una de las oraciones más peligrosas que cualquiera puede hacer. «Dios, confío mucho en ti. Sé que me amas, que siempre estás trabajando dentro de mí. Si quieres hacer algo más en mí, hazlo. Si es doloroso, agradezco el dolor. Si quieres enviarme pruebas para fortalecerme, edificar mi fe, acercarme a ti, entonces hazlo. Dios, haz lo que sea necesario para liberarme de mi amor por este mundo, para crucificar mi amor por la comodidad. Dios, quebrántame».

> Dios, haz lo que sea necesario para liberarme de mi amor por este mundo, para crucificar mi amor por la comodidad. Dios, quebrántame.

Aunque Dios no dice que sí a todas mis oraciones, de alguna manera, sabía que era probable que respondiera a esta. Creyendo que vendría «el quebrantamiento», me preparé. Seguramente sucedería. Ahora. Hoy. O si no mañana. Pronto. Dios me quebrantaría. Aunque confiaba en Él, todos los días esperaba y me preguntaba: ¿sucederá hoy?

Moría de suspenso y miedo. ¿Recuerdas esos viejos juguetes que eran como una caja sorpresa con los que jugabas cuando eras niño? Accionabas la palanca en el costado de una pequeña caja mientras sonaba una música espeluznante. Daba vueltas y vueltas, y aunque no sabías cuándo sucedería, sabías que solo faltaban unos segundos. Sucedería. En algún momento, un muñeco saldría repentinamente de la caja y te asustaría (en una nota al margen, ¿por qué alguien pensó que terror-en-una-caja sería un buen juguete para niños pequeños?). Así me sentía. Todos los días, la palanca giraba. La música sonaba. Y cuando menos lo estuviera esperando, la caja se abriría. Y Dios me quebrantaría.

Había escuchado que comenzar una iglesia era difícil. Todos los que me dijeron eso tenían razón. A pesar de que experimentamos tantas cosas buenas, bendiciones y vidas cambiadas, el peso de la responsabilidad, el trabajo duro y los sacrificios a menudo se sintieron insoportables.

Unos meses después, nuestra iglesia perdió las instalaciones que estábamos alquilando y nos quedamos sin un lugar para reunirnos. *Dios, ¿qué estás haciendo?* Luego, un reportero de noticias escribió un artículo mordaz sobre mí que cuestionó mis motivos y creó rumores y chismes que lastimaron a mi familia. *Dios, ¿por qué permitiste que sucediera eso?* La carga de trabajo era aplastante, las horas agotadoras, la responsabilidad abrumadora. *Dios, no sé si lo lograré.*

Como pastor joven, cometí errores de liderazgo que lastimaron a la gente. Los amigos cercanos se enojaron y abandonaron la iglesia. Tuve que despedir a los miembros del personal. Uno era un amigo cercano. Eso se sintió como una muerte. Uno era un miembro de la familia. Eso se sintió peor que una muerte.

A medida que se desarrollaba cada evento doloroso, llamaba a Gary y le preguntaba: «¿Ya estoy quebrantado?». Gary me contestaba gentilmente: «Todavía no».

Después de varias rondas de la misma conversación, Gary finalmente me dijo: «Craig, cuando estés quebrantado, lo sabrás. No habrá duda. No tendrás que preguntarlo».

Tenía razón.

Cuando estés quebrantado, lo sabrás. No habrá duda. No tendrás que preguntarlo.

Capítulo 2.7

CAMINO EQUIVOCADO

Mi caja sorpresa finalmente se abrió de una manera innegable y mucho peor de lo que podría haber anticipado. Mi mejor amigo en nuestra iglesia durante esos primeros años fue un chico al que llamaré Jason. Cuando fundamos la iglesia Life.Church, Jason dejó la comunidad de fieles que estaba pastoreando y se mudó a nuestra ciudad para ayudarnos con la nuestra. Como éramos demasiado pequeños para agregar personal y Jason estaba resolviendo algunas cosas en su vida, consiguió otro trabajo y soñamos con que se uniera a nuestro personal algún día en el futuro cercano. Rápidamente se convirtió en mi amigo, confidente y colega ministerial más cercano.

Pero como la mayoría de la gente, Jason tenía algunos secretos. Nadie lo sabía en ese momento, pero había hecho algo que lo dejó sintiéndose como si estuviera entre la espada y la pared. Al tratar de maniobrar desde esa situación, tomó una mala decisión que sé que lamentó. Cuando me enteré, no tuve más remedio que hablar con él. Su decisión traicionó mi confianza e hirió nuestra amistad. Cuando le pregunté acerca de lo que hizo, al principio lo negó. Luego, sin ningún lugar donde esconderse, se puso a la defensiva y comenzó a gritarme. Me dijo algunas palabras duras y yo respondí con la misma dureza. Jason salió furioso de la habitación, se subió a su coche y, con rabia, se marchó a toda velocidad.

El domingo siguiente, no me sorprendió que Jason no se presentara en la iglesia. Y no lo culpé. Había cometido un grave error y luego había dicho algunas cosas que no debería haber dicho. Él estaba molesto. Yo estaba dolido. Pero a pesar de que la traición fue significativa y me sentía traicionado y enojado, Jason seguía siendo mi mejor amigo. Sabía que se calmaría. Eventualmente hablaríamos. Perdonaríamos. Olvidaríamos. Y seguiríamos adelante. Pero esa conversación sanadora nunca sucedió.

Aproximadamente dos semanas después, acababa de terminar de predicar un mensaje titulado «Amar a personas complicadas». Jason, naturalmente, vino a la mente, así que, en el camino a casa desde la iglesia, le dije a Amy que lo llamaría esa noche y trataría de arreglar las cosas entre nosotros. Sí, me había lastimado, al igual que a muchos otros, pero era mi mejor amigo. No era perfecto. Yo tampoco. No estaba bien dejar esta distancia entre nosotros.

En casa, estaba a punto de levantar nuestro teléfono fijo cuando noté que la luz parpadeaba en nuestro contestador automático. Cuando pulsé el botón, escuché a la esposa de Jason llorar. A través de gritos ahogados por las lágrimas, dijo que Jason estaba muerto. Se había quitado la vida.

Capítulo 2.8

UNIDOS POR EL QUEBRANTAMIENTO

Gary me había dicho que sabría cuando estuviera quebrantado, que no necesitaría preguntarle a nadie. En ese momento, al escuchar a la viuda de mi mejor amigo, lo supe sin lugar a duda. La vida sería diferente a partir de ese instante. Nunca volvería a ser el mismo.

Pero no fui el único. Todas las personas cercanas a Jason sufrieron, se afligieron y sufrieron de la misma manera. Todos estábamos destrozados, no solo por su pérdida, sino también por las circunstancias que rodearon su fallecimiento. Los siguientes días fueron borrosos. Hicimos nuestro mejor esfuerzo para consolarnos mutuamente, mientras intentamos ayudar a la familia de Jason a tomar decisiones importantes.

Después de la tragedia, la familia de Jason nunca regresó a la casa donde lo habían encontrado. Su esposa y sus dos hijos se mudaron con nosotros durante su transición. Llorábamos hasta altas horas de la noche y nos quedábamos dormidos cuando estábamos demasiado cansados para seguir llorando.

Los días posteriores a la muerte de alguien son siempre extraños. Mientras estás de duelo, también debes hacer planes para un funeral —un momento para celebrar el amor que acabas de perder. Varios días después, oficié en el funeral. Solo había espacio para estar de pie. A través de mi profundo dolor, de alguna manera traté de ofrecer esperanza a quienes estaban de duelo junto a mí.

Aunque nadie lo sabía, las últimas palabras que Jason y yo nos habíamos dicho fueron palabras que ambos lamentaríamos para siempre. Él había actuado mal. Pecó. Mintió. Y traicionó a Dios y a mí. Pero ya no me importaba esa traición. Eso fue solo un momento en el tiempo. Una mala decisión tomada por un hombre desesperado que no vio otro camino.

Sin importar lo que él había hecho, yo sabía que debería haber actuado antes para enmendar nuestra amistad. Mi corazón se había endurecido, y mi orgullo obstinado y mi ego herido se interpusieron en el camino para perdonarlo y enfocarme en cómo podría ayudarlo. Invadido por la culpa, lloré durante lo que se sintió como varios días seguidos. Las preguntas inundaban mi mente. *¿Por qué no me dijo que estaba metido en problemas? ¿Por qué no se abrió? En retrospectiva, hubo varias señales de su angustia. ¿Por qué no me di cuenta? ¿Por qué nuestra última conversación tuvo que ser tan terrible? ¿Por qué no lo contacté antes?*

El siguiente domingo traté de predicar. Aunque tenía un sermón planeado y lo comencé, a los pocos minutos supe que no había forma de que pudiera terminarlo. Entonces, frente a una pequeña multitud de personas, rompí a llorar. En uno de los momentos más públicamente transparentes de mi vida, hablé de todo el dolor y el quebrantamiento que habíamos experimentado desde que comenzamos la iglesia.

Antes de la muerte de Jason, me sentía dolido, agotado, abrumado, asustado.

Después de su muerte, simplemente me sentía destruido, destrozado, roto, marcado.

Entre lágrimas, le dije a la iglesia que me sentía culpable. Culpable de no haber contactado a Jason. Culpable de no haber hecho más. Culpable de no saber que estaba sufriendo. Pero mi culpa llegaba mucho más allá de la tragedia de Jason. Me sentía culpable de no haber sido un mejor padre porque me estaba enfocando demasiado en nuestra iglesia en crecimiento. Y me sentía culpable de no haber sido un mejor pastor porque me esforzaba demasiado por ser suficiente para mi esposa e hijos.

No importaba cuánto lo intentara, simplemente no era suficiente.

Le dije a la iglesia que me sentía quebrantado y que necesitaba algo más que la oración. Necesitaba amor. Gracia. Los necesitaba como amigos. Y necesitaba de Dios más que nunca.

Ese día, algo cambió en nuestra joven iglesia. Pasó de ser una pequeña multitud de personas reunidas a una familia, una verdadera comunidad llena de gracia. Cuando pedí apoyo, casi todos dejaron sus asientos y se acercaron a orar, llorar y adorar. Algunas personas se arrodillaron. Algunas personas levantaron sus manos al cielo. Algunas personas pusieron sus manos sobre nuestros hombros para orar por mí y por nuestra familia. Todos habíamos experimentado la pérdida.

Estábamos quebrantados juntos.

Es fácil impresionar a las personas con nuestras fortalezas, pero las conexiones reales se forjan a través de nuestras debilidades compartidas. Tal vez impresionamos a las personas con lo que podemos hacer. Pero nos conectamos con ellas en nuestras luchas comunes. Esta es una de las bendiciones del quebrantamiento. Podemos luchar para ser fuertes, mostrar lo mejor

No importaba cuánto lo intentara, simplemente no era suficiente.

Es fácil impresionar a las personas con nuestras fortalezas, pero las conexiones reales se forjan a través de nuestras debilidades compartidas.

cuando publicamos selfis y nunca dejar que nos vean abatidos. Pero cuando estamos quebrantados juntos, la unión es más profunda de lo que podemos imaginar, especialmente en la familia de Dios. Así como la persecución siempre une, fortalece y alienta a los cristianos que sufren juntos, el quebrantamiento crea un vínculo que resiste la prueba del tiempo.

¿Y si en lugar de evitar el quebrantamiento lo acogiéramos? ¿Le diéramos la bienvenida? ¿Y si incluso lo pidiéramos?

«Quebrántame, Señor».

Capítulo 2.9

BENDECIDOS POR EL QUEBRANTAMIENTO

Durante veinticinco años, he tenido el mismo compañero de entrenamiento. Su verdadero nombre es John, pero lo llamo Paco porque, bueno, Paco me parece un mejor nombre para un compañero de entrenamiento. Aunque Paco es mayor que yo, es un tipo fuerte. Nunca lo he visto lanzar un puñetazo y es demasiado amable para insultar a alguien, pero no tengo ninguna duda de que, si llegara el momento de la verdad, lo querría de mi lado en una pelea callejera.

Puedes suponer que Paco y yo no lloramos juntos.

No hablamos mucho de nuestros sentimientos.

Somos compañeros de entrenamiento, no compañeros de penas.

Pero entonces ocurrió algo. Paco de repente comenzó a experimentar un severo zumbido en sus oídos y fue entonces cuando vi un lado diferente de mi fuerte amigo. No sabía mucho acerca del tinnitus, pero al ver sufrir a Paco, me enteré de lo terrible que puede ser. Para algunos, este zumbido constante nunca se detiene. Y no hay cura. Para los casos más graves (como el de Paco), entiendo que se siente como si un tren pasara por tu cerebro veinticuatro horas al día. ¡Todos los días!

Aunque hay algunos dispositivos que se pueden utilizar, el dolor para muchos es insoportable. Trágicamente, Paco tenía uno de los peores casos que sus médicos habían visto.

Después de visitar a los mejores expertos y especialistas, Paco recibió el mejor consejo de parte de otra persona que sufría de tinnitus. El hombre le explicó que el ruido jamás desaparecería. Y que la única forma en que podría soportarlo era acercándose más a Dios de lo que nunca había estado y dedicando su vida al servicio de otras personas.

Parece una locura, ¿cierto? Solo aguanta y sonríe mientras actúas como si todo estuviera bien. Recuerdo cuando Paco me habló del consejo de aquel hombre. Parecía trillado. Inútil. Pero Paco no había visto a otra persona con tinnitus severo funcionar tan bien como este hombre. Entonces, sin nada que perder, lo intentó.

Diariamente se apoyaba en Dios como jamás lo había hecho antes, leyendo la Palabra viva de Dios, meditando en su verdad y amor, adorando, orando, ayunando. John y su esposa, Jennifer, formaron un grupo pequeño y comenzaron a entregarse a otras personas. «Adoptaron» a una madre soltera y a sus hijos y empezaron a servirlos abnegadamente. Y al entregar sus vidas, el rugido en el cerebro nunca mejoró, pero de alguna manera John comenzó a mejorar. El dolor no disminuyó, pero la felicidad de John aumentó.

Un día en el gimnasio estábamos tratando de hacer ejercicio. John me explicó que el tinnitus es el peor dolor que jamás haya podido imaginar. Sin embargo, por la gracia de Dios, nunca había estado más cerca de Él que en ese momento. Me dijo que, en el quebrantamiento, había encontrado la felicidad.

No estoy seguro de si él comenzó a tener los ojos empañados primero o si fui yo. Pero allí, frente a todos en el gimnasio, dos amigos de toda la vida no pudieron contener sus lágrimas.

En el quebrantamiento y la entrega de su vida, John encontró esperanza. En medio de su peor dolor, descubrió una paz llegada del cielo que no podía explicar. Lo había descubierto por mí mismo. Pero ahora lo veía en él. En nuestro quebrantamiento, a menudo experimentamos las mayores bendiciones de Dios.

> En nuestro quebrantamiento, a menudo experimentamos las mayores bendiciones de Dios.

Lo admito, se necesita una fe tremenda para hacer esta oración. Requiere audacia divina. Y entiendo por qué muchos nunca pedirían ser quebrantados. Pero al otro lado de confiar plenamente en Dios, hay una bendición que no se puede encontrar en la comodidad y la facilidad.

Cuando Gary me dijo que sería quebrantado, entré en pánico. Quería evitarlo a toda costa. Pero si hubiera tratado de evitar el dolor, me habría perdido las bendiciones.

El apóstol Pablo clamó desesperadamente a Dios por la sanación y la salvación de una prueba desconocida. En tres momentos diferentes, Pablo rogó, suplicó y le pidió a Dios que le quitara la prueba. Pero cuando Dios dijo que no, Pablo descubrió algo que de otro modo se habría perdido.*

La gracia de Dios fue suficiente.

¿A quién usa Dios con más frecuencia? Dios usa a aquellos que están quebrantados y dependen de él.

> Dios usa a aquellos que están quebrantados y dependen de él.

Durante la última cena, Pedro escuchó mientras Jesús explicaba que su cuerpo sería quebrantado. Poco tiempo después, luego de que arrestaron a Jesús, Pedro experimentó su quebrantamiento más profundo. Tres veces Pedro negó

---

* Puedes leer acerca de Pablo suplicando ser librado de algo que llamó un «aguijón en mi carne» en 2 Corintios 12:5-8. Pero también ten en cuenta que en 2 Corintios 12:9-10, Pablo dice que, aunque el aguijón es difícil de soportar, agradece a Dios por ello y se da cuenta de que cuando es débil, Dios lo fortalece.

siquiera conocer a Cristo. La tercera vez, la Biblia dice que alguien le preguntó a Pedro si estaba con Jesús. «Y Pedro dijo: 'Hombre, no sé lo que dices'. Y en seguida, mientras él todavía hablaba, el gallo cantó. Entonces, vuelto el Señor, miró a Pedro» (Lucas 22: 60-61).

Durante años, no me había percatado de la última parte: «Entonces, vuelto el Señor, miró a Pedro».

Pedro negó conocer a Jesús. Jesús vio la negación. Y sus ojos se encontraron. ¿Puedes imaginar la vergüenza, el dolor, el quebrantamiento que sintió Pedro? Pero luego, cuando Pedro experimentó la gracia de Jesús después de la resurrección, nadie estaba mejor preparado para predicar el día de Pentecostés. Dios eligió a Pedro para que fuera una parte fundamental de su iglesia en la tierra. Para decir a otros que se aparten de sus pecados. Porque Pedro se había apartado del suyo.

Años más tarde, le pidieron a Pedro que negara a Cristo, pero en esa oportunidad Pedro se rehusó. La tradición nos dice que, cuando los enemigos de Cristo querían crucificar a Pedro, él dijo que no estaba dispuesto a morir como murió su Salvador. En cambio, pidió ser crucificado boca abajo. El mismo hombre que se había encogido de miedo en el pasado, se mantuvo firme en la fe. Él era un hombre diferente.

Pedro estaba quebrantado y vacío.

Tal vez no estemos quebrantados como Pedro, o como nadie más, pero todos enfrentaremos momentos en la vida en los que tenemos que tomar una decisión. Cuando Gary me dijo que sería quebrantado, al principio luché por evitar la idea. A medida que mi confianza y fe en Dios aumentó, no solo lo acepté, sino que también encontré el valor para pedir por ello. Pero había algo sobre el quebrantamiento que yo no entendía.

El verdadero quebrantamiento ante Dios no es un evento de una sola vez; es una decisión diaria. Pablo dijo: «Cada día muero» (1 Corintios 15:31). ¿Qué significa eso? Todos los días, él eligió

crucificar sus propios deseos para
poder vivir plenamente para los de
Dios.

> El verdadero quebrantamiento ante Dios no es un evento de una sola vez; es una decisión diaria.

Todos estamos llamados a morir diariamente. A ser quebranta-
dos y vaciados. A depender del Espíritu de Dios. A depender de
Él para nuestro consuelo, nuestra guía, nuestra fuente de poder.

Estar quebrantado no es solo un momento en el tiempo origi-
nado a partir de un evento doloroso. Es una elección diaria morir
para el orgullo. Crucificar la lujuria. Destruir el egoísmo. En lugar
de vivir una vida cómoda, es una elección vivir una vida de fe.

Puedes experimentarlo cuando haces lo correcto, pero eres cri-
ticado por aquellos que no comprenden. O cuando respondes con
amor, en lugar de ira, a alguien que te ataca. O cuando haces fielmente algo que crees que Dios te ordenó que hicieras, incluso cuando no tiene mucho sentido e incluso cuando tus compañeros de trabajo se burlan de ti.

Si no quieres hacer esta oración peligrosa, entonces no la hagas.
Mucha gente no te culparía. Ten por seguro que yo no lo haré.

Pero si tienes el valor de hacerla, prepárate. Prepárate para conocer a Dios y ser conocido por Dios de una manera que no has
experimentado antes.

Si enfrentas problemas económicos, apóyate en Dios y confía
en su provisión. Si tu vida se cae a pedazos, quebrántate junto a ella.
Confía en que Dios será lo que necesitas, que ajustará tu corazón,
que guiará tus pasos. Si has recibido un diagnóstico negativo de un
médico o tienes miedo por la salud de un ser querido, ora a Jesús,
el que curó a los enfermos y realizó milagros en la vida de la gente
común.

Cuando las cosas se ponen difíciles, muchos huyen de Dios. No hagas eso. Corre hacia Él. Y no luches

> Cuando las cosas se ponen difíciles, muchos huyen de Dios. No hagas eso. Corre hacia Él.

contra el quebrantamiento. Deja de intentar parecer fuerte. Sé débil. Sé vulnerable. Sé quebrantado. Es en tu debilidad que descubres su fuerza. En tu quebrantamiento, encuentras sus bendiciones.

Permíteme recordarte que esto no es un cristianismo avanzado. El quebrantamiento no es solo para monjes y misioneros. El quebrantamiento es, en realidad, el primer paso. Es el cristianismo básico. El evangelio es una invitación a venir y morir. Muere a tus pecados. Muere a tu pasado. Muere a tu carne. Y muere a tus miedos.

No es un compromiso cómodo, a medias, a tiempo parcial con Cristo. Es una sumisión radical y atrevida a su voluntad para tu vida.

Puedes ir a lo seguro. Pero mi instinto me dice que quieres algo más que eso. Yo elijo algo diferente. Soy una persona arriesgada llena de fe que lo apuesta todo. Nunca insultaré a Dios con pensamientos pequeños o con una vida libre de riesgos. Si hay bendiciones al otro lado del quebrantamiento, entonces quebrántame.

Cuando la mujer pecadora encontró la gracia de Cristo, quebró su valioso frasco y derramó todo el perfume.

Cuando Jesús miró a aquellos que amaba y pensó en los que vendrían, tomó una decisión. Eligió el quebrantamiento. Su cuerpo fue quebrantado por ti y su sangre derramada por tus pecados.

¿Quieres más? ¿Sabes que hay más? ¿Quieres glorificar a Dios? Entonces adelante. Ora. Ve hacia Él.

Vive quebrantado y derramado.

¿Estás listo?

Se necesita fe. No se trata de una oración segura. No hay duda de que es peligrosa.

Pero las bendiciones más íntimas de Dios te esperan del otro lado.

«Quebrántame, Señor».

TERCERA PARTE

Envíame

Después oí que el Señor preguntaba: «¿A quién enviaré
como mensajero a este pueblo? ¿Quién irá por nosotros?».
—Aquí estoy yo —le dije—. Envíame a mí.

—ISAÍAS 6:8 NTV

Capítulo 3.1

ENVÍAME

Como hijo de un padre muy patriota, aprendí a saludar la bandera estadounidense a una edad temprana. No mucho después de que comencé a quitarme la gorra para el himno nacional y a poner mi mano derecha sobre mi corazón, mi padre también me contó una historia sobre uno de sus presidentes favoritos. Las calles de nuestra capital se encontraban cubiertas con veinte centímetros de nieve en ese día gélido de enero de 1961. John F. Kennedy, el hombre más joven que se ha elegido para nuestro cargo más alto, subió al podio para su toma de posesión sin llevar abrigo ni sombrero. Luego, en un discurso de menos de mil quinientas palabras y de menos de quince minutos, el presidente Kennedy propuso un famoso desafío para las generaciones futuras que todavía resuena hoy: «No preguntes qué puede hacer tu país por ti. Pregunta lo que tú puedes hacer por tu país».

Incluso siendo un niño, cada vez que escuchaba a papá describir esa escena y decir esas palabras, me sentía inspirado. Había algo tan conmovedor para mí en el desafío de JFK, una invitación a ser parte de algo más grande que yo, un pedido para hacer algo más que consumir, sino que contribuir. Años después, esas breves palabras todavía me inspiran a servir a mi país, pero significan aún más para mí al considerar mi vida de oración ante Dios.

> En lugar de pedirle a Dios que nos sirva *a nosotros*, ¿qué pasaría si le dijéramos a Dios que estamos disponibles para servirle *a Él*?

En lugar de pedirle a Dios que nos sirva *a nosotros*, ¿qué pasaría si le dijéramos a Dios que estamos disponibles para servirle *a Él*? Como pastor, durante varias décadas he seguido de primera mano las peticiones más íntimas de miles de personas. Cada semana, cientos de necesidades inundan nuestra iglesia, desde tarjetas de oración en nuestros servicios hasta llamadas telefónicas durante la semana o solicitudes en línea a través de las redes sociales o la aplicación de nuestra iglesia. Así que no te sorprenderá saber que la frase más común que escucho cada semana es una que estoy encantado de cumplir: «Pastor, ¿podría orar por favor por...».

Considero un privilegio, un honor y una responsabilidad gratificante hacer una pausa y elevar una necesidad ante el trono de Dios, pidiéndole que tenga misericordia, que conmueva, que guíe, que provea, que actúe, que haga un milagro para las personas que conozco y amo. Cada semana alguien le pide a Dios que sane a su ser querido del cáncer, que ayude a un vecino a encontrar un trabajo o que restaure un matrimonio en problemas. Los estudiantes piden oración para poder ingresar a la universidad de su elección, para ayudar a pagar esa universidad o para lidiar con el dolor del divorcio de sus padres. Algunas personas oran por un cónyuge. Otros piden ayuda para perdonar a una persona que los lastimó. Algunos suplican tener paz durante una dura prueba en la vida. Algunos padres oran por adolescentes que sucumben a las drogas. Algunos hombres, y a veces algunas mujeres, piden ayuda para combatir la adicción a la pornografía, y oran por la sanación de su vergüenza.

Aunque las peticiones varían, la gente le pide a Dios que haga algo por ellos o por alguien que aman. Dios ayúdame. Dios, ayuda a alguien a quien amo. Señor, necesito... Padre, podrías por favor...

Dios, haz algo por *mí*.

Atención, por favor, definitivamente deberíamos orar de esta manera. Siempre debemos invitar a la presencia de Dios, al poder de Dios, a la paz de Dios para que intervenga en nuestras vidas. Debemos pedirle a Dios que haga milagros en nuestro nombre. Debemos elevar a nuestros seres queridos y recordarnos a nosotros mismos cómo Dios puede actuar en sus vidas. Debemos buscar al Señor para todas nuestras necesidades.

Pero no debemos detenernos ahí.

En el espíritu del discurso inaugural de JFK, ¿qué pasaría si nos negáramos a orar únicamente por nosotros mismos? Perdona mi paráfrasis, pero ¿qué pasaría si oramos, «no preguntes qué puede hacer Dios por ti, sino pregúntale a Dios lo que tú puedes hacer por él?».

> ¿Qué pasaría si en lugar de pedir siempre a Dios que haga algo por nosotros, nos atreviéramos a pedirle que nos use en su nombre?

¿Qué pasaría si en lugar de pedir a Dios que haga algo por nosotros hiciéramos una oración peligrosa, abnegada y de disponibilidad a nuestro Padre celestial? ¿Qué pasaría si en lugar de pedir siempre a Dios que haga algo por nosotros, nos atreviéramos a pedirle que nos use en su nombre? ¿Qué pasaría si tuviéramos la fe valiente para entregar todo nuestro futuro —comenzando ahora mismo— a Dios? Diciéndole que somos completamente suyos.

Que estamos disponibles. De guardia.

A la espera para bendecir a alguien, servir a alguien, dar todo lo que podamos dar a alguien.

¿Y si hiciéramos tal vez la oración más peligrosa de todas?

«Envíame, Señor. Úsame».

Capítulo 3.2

CUANDO DIOS TE LLAME, RESPONDE

Si te digo que «alguien me llamó», probablemente asumirías que un amigo, pariente o miembro de la iglesia marcó mi número de celular con la esperanza de hablar conmigo o dejar un mensaje (sí, todavía puedes usar su teléfono para hacer llamadas a otras personas, aunque parece que se utilizan cada vez menos para ese propósito). Mucho antes de los teléfonos, fijos y móviles, había otro tipo de «llamada»: una invitación de Dios para servirle, por lo general de una manera específica y única. Su llamada generalmente requiere que renuncies a tus propios planes y preferencias y vayas donde Él te diga, cuando Él te diga, como Él te diga, para conocer a quien Él te diga y hacer lo que Él te diga.

Rendición completa.

No es fácil responder a ese llamado, de modo que podríamos sentirnos tentados a pensar en muchas excusas. Incluso podríamos pensar correctamente que no estamos calificados, que somos inadecuados o que no estamos preparados para hacer lo que Dios nos pide que hagamos. Pero no hay problema. Mira, Dios nunca llama a personas perfectas. Dios llama a hombres y mujeres imperfectos y débiles como tú y como yo. Simplemente desea personas

> Dios nunca llama a personas perfectas. Dios llama a hombres y mujeres imperfectos y débiles como tú y como yo.

dispuestas a ser sus instrumentos y los invita a usar sus vidas para hacer una diferencia por Él.

Siempre que me siento inadecuado o incompetente, recuerdo que Dios llamó a Moisés, un asesino; a David, un adúltero; y a Rajab, una prostituta. Dios no solo llamó a las personas que hicieron cosas realmente malas, sino que también llamó a personas inusuales, inseguras e inconsistentes. Considera algunos de los mensajeros, ministros, profetas y líderes elegidos por Dios. Está Noé, que se emborrachó; Isaac, que era un soñador; José, que fue abandonado; y Gedeón, que tenía miedo. Está Jeremías, que era demasiado joven, y Abrahán, que era demasiado viejo. Elías, quien luchaba contra la depresión. Noemí, que se volvió amargada. Martha, que era aprensiva. Y Juan el Bautista, que comía bichos.

No son exactamente los Vengadores, esta gente. Muy lejos de cualquier colección de súper santos. Pero aun así Dios los llamó y los usó a pesar de que estaban lejos de ser perfectos.

Dios no ha cambiado. El mismo Dios que llamó a las personas imperfectas todavía lo hace. Ahora te está llamando. Invitándote, empujándote, animándote. El llamado de Dios te impulsa a vivir más allá de ti mismo, a que no solo vivas en función de tu propia comodidad, sino a que te entregues completamente a sus órdenes. Te anima a ir. Servir. Construir. Amar. Luchar. Orar. Compartir. Liderar.

Entonces, ¿cómo respondes cuando Dios te llama? En el Antiguo Testamento, vemos al menos tres respuestas diferentes. El profeta Jonás representa una de las respuestas más comunes: «Aquí estoy, Señor, pero no voy a ir».

Cuando el Dios del universo vio una necesidad en la ciudad de Nínive, eligió a Jonás para que fuera a predicar a los pecadores y rebeldes de allí. Jonás tenía los dones. Tenía el poder. Tenía la habilidad. El problema es que no tenía la disponibilidad. Jonás no estaba dispuesto y rotundamente dijo a Dios «No». Y, por favor, comprende que cuando Dios habló, su encargo era claro: «Ve a Nínive, aquella gran ciudad, y pregona contra ella; porque ha subido su maldad delante de mí» (Jonás 1:2).

Jonás podría haber dicho: «Sí, cualquier cosa por ti, Dios. Tú eres mi Señor y haré lo que me pidas». Pero eso no sucedió. En lugar de tener un corazón dispuesto, Jonás se resistió. No solo dudó y puso excusas; se escapó de Dios (ver Jonás 1:3). Y tengo que preguntarme, ¿Jonás realmente pensó que podía alejarse lo suficiente? ¿O fue solo un caso de cultivar la negación momento a momento para evitar la verdad? Ocultando tu cabeza en la arena, o en el caso de Jonás, en el vientre de un pez grande. Intentando fingir, esperando que Dios simplemente se vaya. O que cambie de opinión sobre lo que te ha llamado a hacer.

¿Alguna vez has respondido de esta manera? Tal vez sentiste la inspiración de Dios, una invitación a hacer algo en su nombre. Pudo haber sido algo pequeño como dar un regalo o compartir un pensamiento. Pudo haber sido algo más significativo como cambiar de carrera o pedirle a alguien que se case contigo. Pero como Jonás, vacilaste. Postergaste. Luego cambiaste de rumbo.

Yo sé que he hecho esto. Una vez estaba conduciendo a casa desde el trabajo. Aunque mi familia vive a poca distancia en auto de la ciudad, vivimos cerca de miles de acres de terrenos que no han sido urbanizados. No es inusual conducir por carreteras secundarias sin ver un solo automóvil o camión pasar. Así que un día, conduciendo a casa, me sorprendió ver a una señora mayor, de unos sesenta años o más, parada sola a un lado de la carretera, sin ningún coche cerca que pudiera haberse averiado. Solo esta señora, parada allí junto a la zanja.

Yo estaba desconcertado. *¿Qué hace aquí en medio de la nada? ¿Está perdida? ¿Busca algo? ¿Espera a alguien? ¿Está simplemente* *paseando? Parece extraño.* Todo dentro de mí me decía que me detuviera para ver cómo estaba y preguntar si necesitaba ayuda. Si bien estoy seguro de que sentí que Dios me impulsaba a detenerme, también sabía que era una cuestión de sentido común, de decencia humana básica.

Pero seguí conduciendo.

¿Por qué no me detuve? ¿Por qué no le pregunté si estaba bien? ¿Si podía ayudar en algo? No tengo la menor idea. Traté de justificarlo. *Seguro que está bien. Nadie estaría en este camino sin ningún motivo. Ella no me hizo señas ni me llamó.*

Este momento de egoísmo me ha perseguido desde entonces. ¿Por qué no me detuve? ¿Por qué no obedecí lo que sentí? ¿Por qué no ofrecí ayuda? Después de todo, soy un pastor. Se supone que soy un sirviente de Dios. Su instrumento, sus manos y pies. Pero, como Jonás, adopté una postura egoísta: «Aquí estoy, Señor. No voy a ir».

La segunda respuesta al llamado de Dios puede que no sea tan rebelde en apariencia, pero es igual de peligrosa para nuestra salud espiritual. Cuando Dios vio el poder opresivo de Faraón sobre el pueblo escogido de Dios, llamó a Moisés. Dios dijo: «Ven, por tanto, ahora, y te enviaré a Faraón, para que saques de Egipto a mi pueblo, los hijos de Israel» (Éxodo 3:10). No podría ser más claro, ¿verdad? Dios dijo, «Te estoy enviando *a ti.* ¡Ahora ve! De todas las personas que están vivas hoy, tú eres a quien yo seleccioné. Eres a quien yo llamé. Tienes lo que se necesita. Te estoy enviando a ti».

> En lugar de vivir en la confianza del llamado de Dios, Moisés estaba enterrado en sus propias inseguridades.

Pero Moisés tuvo una respuesta diferente a la de Jonás. En lugar de vivir en la confianza del llamado de Dios, Moisés estaba enterrado en sus propias inseguridades. Cuando Dios llamó a su instrumento elegido, Moisés respondió: «¿Quién soy yo para que vaya

a Faraón, y saque de Egipto a los hijos de Israel?» (Éxodo 3:11).
Entonces Moisés dijo rápidamente a Dios todas las razones por las
que no era la persona adecuada. «No soy un buen orador. Tartamu-
deo. No soy lo suficientemente bueno. Alguien más sería mucho
mejor que yo».

Todavía hacemos esto hoy. Cuando Dios nos desafía a dar
más, decimos: «Pero Dios, no tengo mucho para mí mismo. Otros
pueden dar más». Cuando Dios nos llama a servir, tal vez argu-
mentemos: «No tengo suficiente tiempo. Seguro que hay mejores
candidatos para este puesto que yo». Cuando Dios nos impulsa a
hacer algo, nos sentimos tentados a darle todas las razones por las
que no somos su mejor persona. No sabemos lo suficiente. No
tenemos el talento suficiente. No somos lo suficientemente buenos. Hay muchas otras personas mejor calificadas para esto que
nosotros.

Aquí estoy, Dios, pero envía a otra persona.

Hay otra respuesta. Y esta no es solo una declaración a Dios,
sino que es una oración. Y como probablemente adivinaste, es
peligrosa. No es una oración segura, benigna o egocéntrica. Esta
oración requiere una gran fe. Es arriesgada porque casi siempre te
llevará a la acción. Probablemente te lleve a hacer algo que no va a
parecer natural o fácil. Hará que salgas de tu zona de confort.

Isaías hizo tal oración de disponibilidad sin reservas en la presencia de Dios. El profeta del Antiguo Testamento relata su encuentro con el Santo cuando Dios preguntó: «¿A quién enviaré,
y quién irá por nosotros?» (Isaías 6:8a) Y sin conocer los detalles,
sin saber cuándo ni dónde, Isaías hizo esta asombrosa oración que
cambió su vida: «Aquí estoy yo. Envíame a mí» (Isaías 6:8b NTV).

Capítulo 3.3

GLORIA A DIOS

Seamos honestos. Decirle a Dios que harás lo que Él quiera que hagas da miedo. ¿Cierto? Recuerdo de adolescente haber hablado con mis amigos sobre este tipo de disponibilidad cuando estaba en el grupo de jóvenes de la iglesia. Uno de mis amigos estaba convencido de que Dios lo enviaría a África como misionero, donde estaría arruinado, nunca volvería a ver la electricidad y tendría que ir al baño en un agujero en el suelo. Otro chico sabía que tendría que casarse con una chica cristiana que no encontraba atractiva. Recuerdo que yo pensé que, si hacía esa oración peligrosa, Dios podría convertirme en pastor o algo horrible como eso. (¡Qué te parece esto como una advertencia de que esta oración es peligrosa!).

¿Cómo puedes simplemente hacer lo que Dios quiere? ¡Él podría pedirte que hagas algo que jamás querrías hacer! Algo abrumador. Algo desagradable.

Este tipo de oración peligrosa de sumisión no es fácil de hacer, especialmente si no tienes una profunda confianza y reverencia por Dios. Pero cuando conozcas a Dios, su carácter, su naturaleza, su santidad, estarás más dispuesto a ofrecer esta oración. De hecho, cuando experimentes a Dios por quien realmente es, disfrutarás de orar con esa vulnerabilidad.

Isaías no hizo esta oración en un vacío. No surgió de la nada y sin motivo. En el primer versículo de su libro, Isaías establece el contexto, explicando que su encuentro con Dios tuvo lugar en el año en que murió el rey Uzías. Dado que Uzías era un rey amado y de confianza, Israel cayó en una temporada de caos, confusión y desesperación sin su líder popular. Así que habría sido lógico que Isaías comenzara su profecía con algo dramáticamente siniestro. Pudo haber dicho: «En el peor año de nuestra nación...». O podría haber escrito: «En el año en que todos perdimos la esperanza...».

Sin embargo, durante este tiempo de desesperación y temor, Isaías escribió: «El año en que murió el rey Uzías, vi al Señor sentado en un majestuoso trono, y el borde de su manto llenaba el templo» (Isaías 6:1). Isaías no solo leyó acerca de Dios o escuchó a otros hablar de Dios. Él

> Si vas a pedir a Dios que te use, un encuentro genuino con Él ayudará mucho a que confíes en Él.

vio al Señor. Experimentó la presencia de Dios de una manera única. Si vas a pedir a Dios que te use, un encuentro genuino con Él ayudará mucho a que confíes en Él.

Podrías sentir la presencia de Dios mientras lees su Palabra. Podrías reconocer que Él está contigo mientras adoras en la iglesia. Podrías encontrarte abrumado por su bondad mientras estás sentado en la cima de una montaña disfrutando de su creación. Podrías descubrir que Él está contigo y que te otorga palabras para decirlas cuando estás compartiendo tu fe con un amigo. O podrías sentirte completamente solo en una época difícil de tu vida. Pero de repente te das cuenta de que no estás realmente solo. Dios no solo está contigo en tu dolor, sino que siempre ha estado ahí.

Isaías vio al Señor. Y en la presencia de Dios, Isaías quedó atónito. Estaba conmocionado. Estaba asombrado. Dios estaba alto y sublime. Dios estaba en su trono. El borde de su manto llenaba el templo.

El profeta hizo todo lo posible por usar palabras humanas para describir a las criaturas celestiales que rodeaban a Dios, alabando su nombre. Isaías los llamó serafines, seres angelicales y ardientes con seis alas que rodeaban al Señor Dios. Debido a la santidad del Señor, estos seres celestiales se cubrían el rostro con dos de sus alas para protegerse de la gloria del Dios Altísimo. Estos adoradores se gritaban unos a otros a viva voz, clamando: «¡Santo, santo, santo es el Señor de los Ejércitos Celestiales! ¡Toda la tierra está llena de su gloria!» (Isaías 6:3). Sus voces retumbaban tan alto que los postes de las puertas temblaron y el templo tembló. Y la gloria de Dios llenó el templo.

¿Cuándo fue la última vez que tuviste tal encuentro con Dios que te quedaste maravillado por su gloria y santidad? Con demasiada frecuencia en estos días, muchas personas lo tratan de manera casual, incluso trivial. Familiarizados con percepciones populares acerca de Él, pero inconscientes de su santidad, muchas personas dan a Dios por sentado.

Para algunas personas, Él es «el de arriba» o el «tipo grande del cielo». Pero estas imágenes de Dios ni siquiera se aproximan a mostrarle al Señor el respeto, la gloria y el honor que se merece.

> Si alguna vez has tenido una verdadera visión de Dios en su esencia más pura, te prometo que nunca te referirías a él como a un amigo cualquiera.

Si alguna vez has tenido una verdadera visión de Dios en su esencia más pura, te prometo que nunca te referirías a Él como a un amigo cualquiera.

Dios es demasiado poderoso para faltarle el respeto. Es demasiado santo para tratarlo de manera informal. Es demasiado bueno para hablarle con familiaridad ingrata. Es demasiado majestuoso para darlo por sentado.

Permíteme darte una idea de quién es Dios. Por favor, lee sobre sus atributos lentamente. Date tiempo para digerirlos. Deja que te maravillen. Deja que te abrumen. Pon atención a lo que sucede en tu corazón a medida que te vuelves un poco más consciente de su bondad, su gracia, su gloria. Conócelo más íntimamente. Acoge su santidad. Asómbrate ante su grandeza y gloria.

Medita sobre su carácter. Considera que Dios es el Creador del cielo y de la tierra (Génesis 14:19). La Escritura lo llama Dios de gloria (Salmo 29:3), el gran YO SOY (Éxodo 3:14) y Padre justo (Juan 17:25). Dios es nuestra fortaleza de salvación (Salmo 28:8) y el Rey eterno (Jeremías 10:10). Él es el Dios de toda consolación (2 Corintios 1:3), el Dios de toda gracia (1 Pedro 5:10) y el Dios de paz (1 Tesalonicenses 5:23). Él es el Todopoderoso (Génesis 49:25), compasivo y misericordioso (Éxodo 34:6) y es fuego consumidor (Deuteronomio 4:24).

Podría continuar —y podría acercarte a su presencia para buscar y meditar sobre otros atributos de Dios. Encuentro útil personalizar la presencia y los atributos de Dios. Él no es solo nuestro Dios, sino que también es *mi* Dios. Si conoces a Cristo, si has dedicado tu vida a seguirlo como discípulo, Él también es tu Dios.

Siente el poder de su presencia. Si su Espíritu mora dentro de ti, puedes decir con confianza: Él es mi Roca (Salmo 42:9). Él es mi Salvador (Salmo 18:46). Él es mi fortaleza (Salmo 144:2). Mi Dios es el que borra nuestros pecados (Isaías 43:25), y Él es mi Dios que me consuela cuando estoy herido (Isaías 66:13). El Rey del universo es mi testigo (Job 16:19). Él es mi consolador en el dolor (Jeremías 8:18). Él es mi confianza cuando no estoy seguro (Salmo 71:5). Él es mi fuerza cuando estoy débil (2 Corintios 12:10). Dios es mi auxiliador (Salmo 118:7), mi escondite (Salmo 32:7), mi esperanza (Salmo 25:5, 21), mi luz (Salmo 27:1). Él es mi refugio en

tiempos de angustia (Salmo 59:16), Él es mi canción (Éxodo 15:2
NTV), y es mi potente salvador (Salmo 140:7).

Dios es santo, apartado y perfecto en toda su gloria.

Tan santo es Dios que no puede ver el pecado (Habacuc 1:13).

Tan santo es Dios que el hombre mortal no puede mirarlo en
su esencia más pura y seguir viviendo (Éxodo 33:20).

Y este Dios santo y de otro mundo es tardo para la ira y grande
en amor (Éxodo 34: 6). No solo por la humanidad, sino por ti.

Cuando te des cuenta de su presencia, no vas a ser el mismo.

Algunos podrían resistir diciendo: «Muy bien, Craig. Lo entiendo. Si viera a Dios como lo vio Isaías, podría estar dispuesto a
hacer esa oración peligrosa también. Pero nunca he experimentado
la presencia de Dios de esa manera. Mi tiempo con el Señor no tiene
esa clase de drama». Pues bien, déjame animarte a que reconsideres
tu tiempo con Dios. No solo es posible experimentarlo como Isaías
lo experimentó, sino que Dios quiere revelarse ante ti.

Santiago, el medio hermano de Jesús, nos instruye a acercarnos
a Dios y promete que Dios nos encontrará cuando lo hagamos.
Santiago dijo: «Acercaos a Dios, y él se acercará a vosotros» (Santiago 4:8). En el Antiguo Testamento, Dios estaba hablando de la
oración, explicando que escucha cuando su pueblo ora. Entonces
Dios promete osadamente a sus hijos que lo encontrarás cuando lo
busques con todo tu corazón (ver Jeremías 29:13).

Dios no está jugando a las es-
condidas. Quiere que lo conozcas y se deleite en mostrarse ante
ti. Búscalo. Acércate a Él. Clama
a Él. Él está allí.

> **Dios no está jugando a las
> escondidas. Quiere que lo conozcas
> y se deleite en mostrarse ante ti.**

Lo experimentarás cuando lo busques, estés atento a Él y cla-
mes a Él. Es posible que sientas su presencia mientras conduces
por la carretera cantando una canción de adoración. Puedes sentir
su presencia cuando te maravillas ante su creación, admirando su

trabajo mientras el sol sale brillante por la mañana. Tal vez notes que Él está contigo durante una simple oración con tus hijos antes de dormir. Los postes de la puerta no tienen que temblar para saber que Él está contigo. Puede ser un simple conocimiento de que Él nunca te abandona y que nunca te desamparará.

Tal vez sientas su presencia de una manera sobrenatural. Puede que sepas que Él está contigo. Pero incluso si no lo sientes, puedes estar seguro de que está contigo. A veces sabes que está contigo, no por una sensación, sino por fe. ¿Cómo puedes aproximarte no solamente a orar, sino también a vivir esta oración peligrosa?

Comienza por experimentar la presencia de Dios.

Capítulo 3.4

UN PECADOR SALVADO POR LA GRACIA

Cuando era niño, quería sentir la presencia de Dios. Especialmente en la iglesia —después de todo, esa es la casa de Dios, ¿no?— esperaba sentir algo sobrenatural, a falta de una palabra mejor. Sentir la piel de gallina hubiera sido genial. Un cosquilleo por mi columna hubiera sido genial. Podía imaginar su paz y consuelo mientras una especie de calor celestial irradiaba dentro de mí. Pero nunca sucedió. La mayoría de las veces me sentía incómodo con la ropa de vestir que mis padres me hacían llevar a la iglesia y me preguntaba cuánto tiempo faltaba para que pudiéramos irnos y almorzar.

Si bien todas estas sensaciones son posibles, he descubierto que los encuentros con Dios suelen ser más que cosquilleos en el cuerpo o la calidez que se siente al cargar a un cachorro. Pero antes de que podamos encontrarnos con Dios, a menudo es útil lidiar con el pecado en nuestras vidas. Para llegar verdaderamente a un punto de sumisión y disponibilidad a Dios, y para estar plenamente consciente de su presencia, es sabio reconocer y comprender nuestra pecaminosidad.

Solo el decir que somos «pecadores» ofende a mucha gente hoy en día. En nuestra cultura, hay gurús de la autoayuda y expertos en motivación que nos dicen que rechacemos la idea de que somos pecadores. Que deberíamos amarnos a nosotros mismos tal como somos. Que no es necesario cambiar a menos que queramos cambiar, y entonces podemos hacerlo nosotros mismos.

> Para llegar verdaderamente a un punto de sumisión y disponibilidad a Dios, y para estar plenamente conscientes de su presencia, es sabio reconocer y comprender nuestra pecaminosidad.

De hecho, recientemente estaba hablando con un muchacho en el gimnasio que me decía que no necesitaba a Jesús en su vida. Con total confianza, me dijo que, aunque Jesús era probablemente una persona real y tal vez incluso el Hijo de Dios, Jesús era inútil para él. Cuando le pregunté si alguna vez había tenido alguna necesidad de perdón, el hombre respondió enérgicamente: «Absolutamente no». Explicó que era una «buena persona» y mucho mejor que muchos cristianos que conocía. ¿Por qué tendría que ser perdonado si no era malo?

Aunque estoy seguro de que este muchacho hacía muchas cosas buenas, traté de ayudarlo a reconocer que, en el fondo, ninguno de nosotros es bueno. Debido a la rebelión en el jardín del Edén, heredamos lo que se llama la *naturaleza pecaminosa* de Adán. El apóstol Pablo lo explicó de esta manera: «Como el pecado entró en el mundo por un hombre, y por el pecado la muerte, así la muerte pasó a todos los hombres, por cuanto todos pecaron» (Romanos 5:12).

Cuando vemos lo bueno que es Dios, nos damos cuenta plenamente de lo buenos que *no* somos. Su santidad revela nuestra pecaminosidad. Esto es lo que le pasó a Isaías, y esto es lo que nos pasa a nosotros en la presencia de Dios. Cuando el profeta vio la gloria de Dios, no gritó: «Soy increíble. Soy santo y perfecto como Dios». No, Isaías reconoció las profundidades de su propia depravación y gritó: «¡Ay de mí! que soy muerto; porque siendo hombre inmundo de labios, y habitando en medio de pueblo que tiene labios inmundos, han visto mis ojos al Rey, Jehová de los ejércitos.» (Isaías 6:5).

Isaías no se limitó a decir: «Me equivoqué. Hice algunas cosas malas». Lloró desde un corazón desesperado: «¡Ay de mí!». La conciencia de la profundidad de su pecado trajo tristeza, remordimiento, dolor y un espíritu de arrepentimiento sincero. En la presencia de Dios, Isaías dijo: «Estoy arruinado». Otra versión traduce el texto hebreo original como «Estoy deshecho».

En una respuesta similar, Moisés ocultó su rostro, porque tenía miedo de mirar a Dios (Éxodo 3:6). Job dijo que se despreció o se aborreció a sí mismo cuando vio el poder de Dios (Job 42:6). Pedro cayó boca abajo a los pies del Señor y le dijo a Jesús que se apartara de él debido a su pecaminosidad (Lucas 5:8). Ninguno de nosotros es mejor que Moisés, Job o Pedro. Y algunos de nosotros incluso tuvimos experiencias similares cuando oramos a Dios por la salvación. Incluso si no caíste boca abajo, entregar tu vida a Jesús comienza con la conciencia de tu necesidad de ser salvado del pecado.

Pero ¿por qué debemos reconocer nuestro pecado? ¿No podemos simplemente empezar a seguir a Jesús y seguir adelante? ¿Por qué es tan importante ver lo egoístas y rebeldes que somos? Porque hasta que nos veamos a nosotros mismos como pecadores, nunca entenderemos completamente a Jesús como el Salvador.

Como mi amigo en el gimnasio, durante años, yo también traté de justificar mi propia pecaminosidad, incluso después de convertirme en un seguidor de Dios. Después de todo, conocía a personas que eran mucho peores que yo. Nunca maté a nadie. No era pandillero ni abusador. Pero cuando comencé a hacer oraciones peligrosas, clamando a Dios y aprendiendo quién era Él, mi autoestima se convirtió en autoconciencia. Dios es justo. Yo soy injusto. Dios está lleno de gloria. Yo estoy lleno de mí mismo. Tuve que enfrentar la brutal verdad sobre mi pecaminosidad. Yo era egoísta.

A menudo decía mentiras y a veces tomaba cosas que no eran mías. Envidiaba a los demás, codiciaba y deseaba las cosas brillantes que ofrecía este mundo.

Pero cuando hagas oraciones peligrosas, verás y entenderás más a Dios. Lo cambia todo. Isaías lo vio. Quizás tú también lo hagas. Cuando los seres angelicales cantaron sobre la santidad de Dios, Isaías supo que sus propios labios eran pecaminosos e inmundos. Veremos nuestra pecaminosidad en su totalidad solo cuando aceptemos la santidad de Dios. Siempre y cuando nos comparemos con otras personas, podemos engañarnos a nosotros mismos diciendo que no somos tan malos. Pero cuando nos comparamos con Dios, vemos cuán injustos somos en verdad. Como Isaías, cuando experimenté la presencia de Dios, me di cuenta de mi pecado. Esta conciencia me llevó luego a una comprensión más completa de la maravillosa gracia de Dios.

Una de mis mayores épocas de crecimiento espiritual llegó cuando era un joven pastor asociado en la Primera Iglesia Metodista Unida en Oklahoma City. Por difícil que sea admitirlo, en muchos sentidos, estaba «interpretando un papel» más que «viviendo un llamado». Sintiendo la presión de estar a la altura de las expectativas, comencé a decir cosas que sonaban «pastorales», incluso si no eran completamente ciertas. Decía a las personas que iba a orar por ellas, incluso cuando sabía que probablemente no lo haría. Actuaba como si me encontrara cerca de Dios, a pesar de que estaba abrumado con el trabajo y no había pasado mucho tiempo con Dios en absoluto.

Un jueves por la mañana, mientras me preparaba para predicar en lugar del pastor principal, sentí que Dios me abrió los ojos a mi pecado. La imagen que Dios me dio fue clara: me había convertido en un «pastor a tiempo completo» y un «seguidor de Cristo a tiempo parcial». Estaba mostrando una vida exterior que no era un verdadero reflejo de devoción interior. Entonces, en uno de mis movimientos de fe más peligrosos, descarté el sermón que estaba preparando y prediqué un mensaje más auténtico desde mi corazón confesando cómo me había alejado de Dios. Hasta el día de hoy, no sé si recuerdo a Dios hacer más en la vida de tantas personas de lo que hizo el día en que abrí mi corazón ante la familia de nuestra iglesia.

En lo más profundo de la desesperación de Isaías, él experimentó la profundidad de la gracia de Dios. Trató de expresar con palabras lo que sucedió cuando uno de los ardientes serafines voló en su dirección. El ser angelical llevaba un carbón al rojo vivo que había sacado directamente del altar de Dios. Cuando la criatura tocó los labios del profeta con el carbón encendido, el mensajero de Dios dijo: «He aquí que esto tocó tus labios, y es quitada tu culpa, y limpio tu pecado» (Isaías 6:7).

Imagina el poder del momento. Isaías nunca ha sido más consciente de su culpa, su pecado, su vergüenza. Y con un toque del ser de Dios, su pecado desapareció. Fue olvidado. Perdonado. Primero, gracia incondicional. Luego, gratitud incontenible.

Mis pecados son perdonados.

No hay nada mejor para alimentar tu vida de oración que un profundo aprecio por la gracia de Dios. Imagina a Dios borrando todas tus mentiras. Sanando tu odio. Limpiando tu pecado sexual.

Acéptalo. Si estás «en Cristo», tus decisiones egocéntricas son perdonadas. Tu ira, perdonada. Odio, perdonado. Rencor, perdonado. Alarde, perdonado. Celos, perdonados. Envidia, perdonada. Todos tus pecados, tus malos pensamientos, tu codicia, tu hipocresía, tus chismes, tus lujurias secretas, tu orgullo, tu ingratitud, tu materialismo, tu incredulidad —todo perdonado y olvidado por la gracia de nuestro buen Dios.

Más adelante en su vida, Isaías añadiría color a la gracia de Dios al citar al que lo perdonó, escribiendo: «Yo, yo soy el que borro tus rebeliones por amor de mí mismo, y no me acordaré de tus pecados» (Isaías 43:25). Cuando clamas a Dios por su perdón, Él no recuerda tus pecados. Desaparecen. Son perdonados. Limpiados. Y olvidados.

De la misma manera que el carbón quitó la culpa y el pecado de Isaías, la sangre de Jesús quita los nuestros. Mientras lees, espero que hagas una pausa lo suficientemente larga como para dejar que estas verdades se asimilen, calmen tu alma manchada por el pecado y te inspiren a hacer oraciones peligrosas.

La gracia. Cambia. Todo.

Nosotros no traemos nada.

Jesús lo trae todo.

Cuando sentimos su presencia, nos damos cuenta de nuestra pecaminosidad. Entonces nos quedamos eternamente en deuda con Él por su gracia extravagante, inmerecida e incomparable.

> En el momento en que vemos a Dios por quien es, nos vemos a nosotros mismos por lo que no somos.

En el momento en que vemos a Dios por quien es, nos vemos a nosotros mismos por lo que no somos. Y debido a lo que Jesús hizo por nosotros y la gracia que nos prodiga, de repente la oración peligrosa de entrega no parece tan abrumadora. De hecho, aunque todavía peligrosa, puede parecer algo atractiva. Cuando Dios pregunta: «¿Quién irá? ¿A quién enviaré?», nuestra respuesta inmediata desde un corazón perdonado y entregado es la siguiente oración llena de fe y de completa disponibilidad: «Aquí estoy, Señor. Envíame».

Y cuando haces esta oración peligrosa, no es por obligación o culpa. *Ya sabes, debido a lo que Jesús hizo por mí y todo eso, supongo que ahora me toca estar disponible para Él.* No, es una oración atrevida de fe. Es la profunda conciencia de que tu vida no es tuya. Tú le perteneces a Dios. Tú eres su sirviente. Su embajador. Su representante en la tierra.

Tus oraciones pasarán de peticiones centradas en ti mismo —«Haz esto por mí, Dios. Ayúdame, Señor»— a oraciones centradas en Cristo, impulsadas por el Evangelio, que glorifiquen a Dios. «Donde quieras, Dios. Cuando quieras. Lo que tú quieras, soy tuyo».

Reconoce que el mismo Dios que te ha perdonado, también te ha llamado y elegido. Todos los días tiene citas programadas para ti. Personas a quien bendecir. Cosas que dar. Oportunidades para servir.

Cuando te entregues a Él, tendrás ojos para ver lo que hace. Un corazón para sentir lo que conmueve su corazón. Y manos para mostrar su amor.

Verás a personas que necesitan ánimo, y su Espíritu te dará las palabras adecuadas. Verás a alguien que tiene una necesidad, y Dios te impulsará a que la satisfagas. Verás a alguien que está solo, y le mostrarás el amor de Dios. Tú eres su sirviente. Disponible. Deseoso y listo para actuar.

> Cuando te entregues a Él, tendrás ojos para ver lo que hace. Un corazón para sentir lo que conmueve su corazón. Y manos para mostrar su amor.

Capítulo 3.5

ALIMENTO DIARIO

Pero antes de que pienses que puedes orar «envíame» y listo, déjame advertirte una cosa: esta no es una oración peligrosa que se hace una sola vez y luego sigues con tu vida. Esta es otra oración de sumisión diaria a Dios. *Examíname. Quebrántame. Envíame.*

¿Por qué son oraciones *diarias*? Porque cuando sometes tu vida a Cristo, tu espíritu cobra vida. Naces de nuevo y tu espíritu está conectado con el Espíritu de Dios. A partir de ese momento, hay una guerra dentro de ti.

Pablo lo llama una batalla entre tu carne y tu espíritu. Al decir carne, no se refiere a tu piel. Pablo se refiere a nuestra naturaleza pecaminosa. Tu vieja naturaleza quiere hacer lo que sea más fácil para ti. Tu naturaleza nueva y espiritual quiere hacer lo que glorifica a Dios. Y esas dos naturalezas se enfrentan entre sí varias veces al día durante toda tu vida. Pablo describió esto a los Gálatas, diciendo: «Porque el deseo de la carne es contra el Espíritu, y el del Espíritu es contra la carne; y éstos se oponen entre sí, para que no hagáis lo que quisiereis» (Gálatas 5:17). El Espíritu Santo dentro de ti dice: «Vive para Dios». Tu carne dice: «Vive para ti». Cuando Dios llama, la parte de ti que es egoísta dice, como Jonás: «No voy a ir». O como Moisés: «Envía a otra persona».

¿Cómo podemos vivir sometidos a Dios cuando nuestra carne quiere que vivamos para nosotros mismos? ¿Cómo podemos superar nuestras tendencias egoístas y vivir desinteresadamente para Cristo? La respuesta está en la sumisión diaria. Diariamente debemos alimentar nuestro espíritu, porque lo que alimentamos crece. Sabes que es verdad. Si fertilizas las plantas de tu casa y las riegas, crecerán. Si alimentas demasiado a tu gato, estará gordo. Si alimentas tu ego, crecerá. Lo que alimentas, crece.

Y lo que no alimentas muere.

Si no alimentas y riegas tus plantas, se marchitarán. Si no alimentas a tu gato, su futuro no será muy brillante. Si niegas a alguien tu afecto, morirá lentamente por dentro.

Lo que alimentas crece. Lo que no alimentas muere.

> Lo que alimentas crece.
> Lo que no alimentas muere.

Así que alimenta tu espíritu diariamente. Dale alimento leyendo la Biblia. Pasa tiempo en la presencia de Dios orando. Disfruta de la bondad de Dios al participar en comunión con otros creyentes. Escucha la voz de Dios leyendo la Biblia.

Y mata de hambre a tu yo pecador. En lugar de obtener lo que quieres, renuncia a algo que a lo mejor deseas, por algo que deseas aún más: una vida que glorifique a Dios. Niega los deseos de tu carne, diciendo que no a lo que sabes que es menos que lo mejor de Dios. Huye de algo que te pueda tentar a hacer el mal.

Esto es exactamente lo que le pasó a mi buen amigo «Travis». Cuando Travis estaba en la secundaria, encontró el escondite secreto de las revistas *Playboy* de su padre. Como la mayoría de los niños curiosos de trece años, que no tienen mucho control, su curiosidad se apoderó de él. Lo que comenzó como un vistazo rápido se convirtió en una adicción fuera de control que lo siguió hasta la edad adulta y el matrimonio. Cuando le pregunté acerca de sus hábitos secretos de entretenimiento visual, me descartó como si fuera un mojigato anticuado. «Todo hombre mira», me dijo, seguido por su mayor justificación: «Al menos no hago algo peor».

Durante años, Travis tuvo problemas en su matrimonio y justificó su adicción a la pornografía. Como Travis odiaba leer, rara vez abría su Biblia. Pero cuando nuestra iglesia creó la aplicación *YouVersion Bible*, una aplicación que no solo lees, sino que también puedes escuchar, ya no tenía excusa.

Travis comenzó a escuchar diferentes planes de lectura bíblica. Y me dijo que casi todos los que eligió mencionaban algo sobre la lujuria, la pureza o los peligros de satisfacer los deseos de la carne. Travis estaba dispuesto a admitir que tal vez tenía un problema.

Cuando trató de dejar sus dosis diarias de entretenimiento visual cargado de adrenalina, descubrió que estaba más atrapado de lo que pensaba. Después de confesar su problema a su esposa, se unió a un grupo de apoyo para adictos sexuales, y rápidamente le mostraron la poderosa promesa de libertad de Dios. El apóstol Pablo declaró osadamente: «No os ha sobrevenido ninguna tentación que no sea humana; pero fiel es Dios, que no os dejará ser tentados más de lo que podéis resistir, sino que dará también juntamente con la tentación la salida, para que podáis soportar» (1 Corintios 10:13). Eso es todo lo que Travis necesitaba. Memorizó ese versículo. Lo declaró a diario. Puso un dispositivo de rastreo en su computadora, canceló sus canales de cable y puso bloqueos estrictos en su teléfono. Con la ayuda de la Palabra de Dios, una esposa que ora y buenos amigos, Travis ha estado libre de pornografía durante más de cuatro años. Y comenzó con la Palabra de Dios que le dio la fuerza para vencer.

Cuando empiezas a evitar lo que te lastima, ¿qué ocurre? Con el tiempo, tu lado espiritual se fortalece. Y tu lado egoísta comienza a morir.

> Cuando empiezas a evitar lo que te lastima, ¿qué ocurre? Con el tiempo, tu lado espiritual se fortalece. Y tu lado egoísta comienza a morir.

Tus oraciones se profundizarán, madurarán y crecerán. En lugar de limitarse a «Bendíceme. Ayúdame. Haz esto por mí», tus oraciones se enfocarán en Dios y en los demás. «Dios, úsame para ser hoy una voz de ánimo. Dame la oportunidad de ayudar a alguien que esté necesitado. Ayúdame a mostrar tu amor a alguien que esté sufriendo. Si tengo algo que pueda ayudar a alguien, enséñame cómo bendecir a esa persona. Aquí estoy. Envíame».

Cuando te vuelves disponible para Dios, es posible que te pida que vayas a África como misionero, pero es mucho más probable que te invite a ser misionero en tu trabajo. Es muy probable que te impulse a que muestres su amor y su gracia a las personas con las que interactúas a diario.

> Cuando te vuelves disponible para Dios, es posible que te pida que vayas a África como misionero, pero es mucho más probable que te invite a ser misionero en tu trabajo.

Cuando oras una oración peligrosa de sumisión, Dios puede pedirte que vendas todo y se lo des a los pobres. Aunque es mucho más probable que comience a impulsarte a administrar sabiamente lo que te ha dado. Dar el diezmo a tu iglesia. Dar a los necesitados. Y hacer la diferencia poco a poco.

Cuando te sometas completamente a Dios, ciertamente te pedirá que hagas cosas que pueden parecer simples y pequeñas. Incluso podrías preguntarte: *¿Por qué no puedo hacer algo grande, algo importante?* Y tal vez Dios te muestre que las cosas pequeñas son a menudo las cosas grandes. Los simples actos de amor a menudo conducen a los mayores cambios de vida.

Y a medida que crezcas en tu confianza en Dios, de vez en cuando, Él te pedirá que hagas algo radical. Algo que no tiene ningún sentido. Algo que requiere una fe extraordinaria. Dios puede llevarte a que te mudes a una nueva ciudad. Comenzar un nuevo ministerio. Lanzar un negocio. Adoptar. Dios puede impulsarte a ir a otra parte del mundo para servir a alguien. O dar un regalo extravagante a alguien que lo necesite.

Aunque pueda parecer una locura, algo irracional y sin ningún sentido, tendrás la fe para decir que sí. Porque habrás entendido que tu vida le pertenece a Él.

Cuando Dios te use, querrás más. Más satisfacción. Más gozo en los sacrificios. Más bendiciones que provienen de la obediencia. Puedes vivir en la emoción diaria de ser usado por Dios. Un reflejo de su gracia y su gloria. Un conducto de su amor y su bondad.

Pero solo si estás dispuesto.

Capítulo 3.6

UN ACTO ÚNICO DE FE

Hace años, finalmente, comencé a escribir en un diario de manera constante. La razón por la que digo «finalmente» es porque ya había intentado escribir en un diario cuatro o cinco veces, solo para dejar de hacerlo después de algunas semanas. Alguien nos consiguió a Amy y a mí un diario que nos encantaba usar. Es un diario de cinco años que tiene solo cinco o seis líneas para escribir diariamente. Si es el 28 de julio, podemos ver justo encima del día lo que sucedió el 28 de julio del año anterior y del año anterior a ese. Los aspectos más destacados de cinco años de nuestras vidas se apilan uno encima del otro en una página determinada.

Mientras escribía en el diario, comencé a notar que muchos de mis días eran similares. El año pasado en el mismo día, estaba haciendo lo mismo. La mayoría de los días hago las mismas cosas. Asisto a reuniones. Estudio. Predico sermones. Hago ejercicio. Ceno con mi familia. Aunque tuve el gozo de ser usado por Dios como pastor, gran parte de eso es el resultado de mi «trabajo» y no solo de la fe en seguir a Cristo.

Durante una de mis oraciones peligrosas de sumisión, Dios me impulsó a añadir una pequeña cosa a mi vida que ha marcado una gran diferencia. Ya que no podemos agradar a Dios sin fe (ver Hebreos 11:6), creo que Dios me pidió que simplemente hiciera a diario una cosa que requiere fe. Todos los días, pase lo que pase, al menos un acto lleno de fe.

Ese simple desafío cambió mi forma de vivir. En lugar de existir pasivamente, comencé a vivir agresivamente, buscando oportunidades para exhibir mi fe. Una vez que conocí a un hombre que parecía desanimado durante un vuelo, hablé con él e hice todo lo posible por levantarle el ánimo. Entonces me sentí impulsado por Dios a hacer algo más que solamente hablar. Le escribí una nota e incluí dos versículos diferentes de la Biblia. En lugar de solo escuchar palabras de aliento, quería que tuviera una versión grabada para que las pudiera repasar.

> En lugar de existir pasivamente, comienza a vivir agresivamente, buscando oportunidades para exhibir tu fe.

En otra ocasión, cuando Amy y yo estábamos de compras en el supermercado, vimos a una mujer con tres niños que examinaba meticulosamente los precios, revisaba cupones y sumaba las cantidades en la calculadora de su teléfono. Sabiendo que obviamente tenía problemas económicos, como un acto de fe, pedimos a uno de nuestros hijos que le llevara algo de dinero en efectivo con una nota que simplemente decía: «Dios se preocupa por ti y quiere satisfacer tus necesidades». No sabemos cómo usó Dios eso en la vida de aquella mujer, pero cree que lo que hizo nos cambió.

Aquí tienes otro ejemplo. Recientemente viajé a Florida para un evento. El anfitrión, un exitoso hombre de negocios del área, me recogió en el aeropuerto y de inmediato me hizo sentir cómodo. Su amor por Jesús era obvio y su corazón para servir era fuerte. A pesar de que se destacaba como empresario, de repente tuve la sensación de que Dios podría llamarlo para usar sus dones en el ministerio. Así que di un pequeño paso de fe y le pregunté:

«¿Alguna vez has considerado usar tus talentos a tiempo completo para servir a Dios?». ¡Casi choca el auto cuando me dijo que se lo había mencionado a su esposa la noche anterior! Ahora está considerando seriamente vender su negocio para explorar algo diferente.

Al principio, hacer algo diariamente que requiere fe puede parecer desalentador o incluso abrumador. Pero una vez que empieces, no solo lo disfrutarás, sino que incluso podrás sentir que Dios te transforma de alguien con una fe egocéntrica a alguien con una fe abnegada, que glorifica a Dios y se enfoca en los demás. Tus actos de fe no tienen que ser grandes, intimidantes o dignos de aparecer en las noticias. Pueden ser simples, sin pretensiones e, incluso, realizados en secreto.

Es simplemente una cuestión de estar dispuesto, estar abierto, estar en sintonía con Dios y arriesgar más. Quita el enfoque de ti mismo y observa las necesidades de los demás. Escucha con tu corazón y no solo con tus oídos. Lee entre líneas y busca la manera de servir.

> Tus actos de fe no tienen que ser grandes, intimidantes o dignos de aparecer en las noticias. Pueden ser simples, sin pretensiones e, incluso, realizados en secreto.

¿Y si le dijeras a Dios que estás disponible? ¿Y si buscaras al menos una oportunidad diaria para hacer algo que requiera tener fe? En lugar de vivir una vida ordinaria, los pequeños actos de fe nos enseñan a depender de Dios. Nos acercan a él. Construyen nuestra confianza.

Haz una sola oración peligrosa.

Arriesga un solo acto de fe.

Capítulo 3.7

HÁGASE TU VOLUNTAD

No mucho después de comenzar a correr al menos un riesgo de fe cada día, también expandí la forma en que oro para que Dios me use. En lugar de simplemente pedirle a Dios que me enviara, la personalicé. Ya que Dios creó cada parte de mi cuerpo, me tomo el tiempo para hacer una pausa, orar y dedicarle partes específicas de mi cuerpo. Esta breve oración a Dios me energiza espiritualmente, me fortalece emocionalmente y me da fuerzas para hacer su voluntad. Mi oración peligrosa de dedicación varía ligeramente cada día, pero generalmente es algo así:

Padre celestial, porque diste a Jesús por mí, hoy te entrego mi día entero. Cada parte de mí es tuya. Toma cada parte del cuerpo que creaste y conságralo hoy para tus propósitos.

Dios, te entrego mi mente. Por favor guarda mis pensamientos. Ayúdame a llevar cautivo todo pensamiento que no venga de ti para hacerlo obediente a Cristo y a toda tu verdad. Renueva mi mente. Que todos mis pensamientos te complazcan. Ayúdame a pensar en cosas puras, excelentes y dignas de alabanza. Ayúdame

Dios, te entrego mi mente. Por favor guarda mis pensamientos. Ayúdame a llevar cautivo todo pensamiento que no venga de ti para hacerlo obediente a Cristo y a toda tu verdad.

a pensar tus pensamientos. Dirige mi mente hoy hacia tu perfecta voluntad.

_____

Señor, te doy mis ojos. Ayúdame a observar las cosas que son puras y honrosas para ti. Protege mis ojos de codiciar los placeres temporales de este mundo. Dame ojos para ver lo que ves. Dado que mis ojos son la lámpara de mi cuerpo, ayúdame a ver las cosas que dejan que tu luz brille en mi vida hoy.

Dios, guarda mis oídos. Protégeme de escuchar cualquier mentira del maligno. Que solo escuche tu voz, tu Espíritu, tu verdad guiándome. Señor, ayúdame a apartarme de cualquier voz que me distraiga de tu plan para mi vida hoy. Que sea sensible a todo lo que me dices. Interrumpe mis planes. Redirígeme hacia tu agenda. Dame oídos para escuchar tu voz de modo que pueda seguirte a donde tú me lleves.

Dios, pon una guarda en mi boca. Que cada palabra que yo diga te complazca, oh, Dios. Dame palabras para alentar y animar a otros, dirigiéndolos hacia ti. Sé que mis palabras tienen el poder de dar vida y quitarla. Permíteme dar vida con mis palabras a todos los que veo.

Señor, ayúdame a proteger mi corazón, ya que sé que puede engañarme fácilmente. Purifica mis motivos en todo lo que hago. Que mi único objetivo sea servirte y complacerte. Dios, ayuda a que mi corazón sea conmovido por lo que conmueve a tu corazón, que sea quebrantado por lo que quebranta al tuyo, y que me regocije en las cosas que te traen gozo. Crea en mí un corazón limpio, Dios. Ayúdame a amar y servirte hoy con todo mi corazón.

_____

Dios, que hoy mis manos sean tus manos en el mundo. Te dedico el trabajo de mis manos. Permíteme ser productivo hoy, honrándote en todo el trabajo que hago. Ayúdame, Dios, a hacer todo por tu gloria.

Señor, ayúdame a proteger mi corazón, ya que sé que puede engañarme fácilmente. Purifica mis motivos en todo lo que hago. Que mi único objetivo sea servirte y complacerte.

Señor, dirige los pasos de mis pies. Que tu Palabra sea una lámpara que dirija todos mis pasos. Guíame hacia los lugares y las personas adecuadas para que hoy pueda servirte mejor. Guárdame de los lugares equivocados que podrían tentarme a pecar contra ti. Guía mis pies, Señor, hacia tu perfecta voluntad.

Dios, todo mi cuerpo es tuyo. Sé que incluso antes de que yo fuera creado, tenías buenas obras, preparadas de antemano, para que yo las hiciera hoy. Úsame, Dios, para hacerlas todas. Me has dado todo lo que necesito para hacer todo lo que me has llamado a hacer. Ayúdame a ver necesidades y satisfacerlas. Muéstrame a los que están sufriendo que yo podría animar. Dirígeme a aquellos que no están contigo para que pueda ayudarlos a conocer tu bondad y gracia.

Dios, hoy dedico cada parte de mí a ti y a tu voluntad.

Aquí estoy, Señor. Envíame.

———————

La mayor parte de los días, digo una versión de esta oración peligrosa. No es necesario que ores estas palabras, pero espero que consideres entregar más de ti a Dios cada día. Ora lo que está en tu corazón y entrégate para ser usado por Dios. Invítalo a que te envíe hacia oportunidades en las que puedas ser sal y luz y verás lo que sucede —en ti y en quienes te rodean.

Haz tuyas las palabras de tu oración. Mis palabras cambian ligeramente, pero mi intención detrás de ellas se mantiene igual:

«Dios, que hoy se haga tu voluntad a través de mí». No debería sorprenderme, pero cuando no me tomo el tiempo para hacer esta oración, mis días no son tan productivos. A menudo me encuentro más distraído, más centrado en mí mismo, más fácilmente tentado. Pero cuando hago esta oración, mi corazón permanece dirigido hacia lo que le importa a Dios. Soy más consciente de las sutiles indicaciones del Espíritu Santo que me guían para decir algo a un compañero de trabajo o para ayudar a un amigo. Cuando comienzo mi día totalmente dedicado a Dios, mi mente se concentra en aquello que dura más, que en los placeres temporales de este mundo. Mi día le importa a Dios. Y es significativo para mí.

Y al final del día, puedo mirar hacia atrás y ver todas las diferentes formas en que Dios me usó. Mientras escribo en mi diario, puedo observar cómo di pasos de fe. Y en lugar de sentirme vacío, hueco e insatisfecho, me siento realizado, contento y abrumado con gratitud hacia Dios.

> ¿Cómo crees que cambiaría tu vida si hicieras diariamente una oración de devoción arriesgada y llena de fe a quien lo dio todo por ti?

¿Cómo crees que cambiaría tu vida si hicieras diariamente una oración de devoción arriesgada y llena de fe a quien lo dio todo por ti?

¿Y si ahora mismo oraras, «¿Envíame, Señor»?

Capítulo 3.8

Y AHORA, ¿CUÁL ES LA PREGUNTA?

Hace años, escuché a un pastor contar una historia que nunca olvidaré. Este predicador experimentado describió cómo cada semana, después del servicio dominical, se paraba junto a la puerta de la iglesia para saludar a las personas mientras iban de salida. Describió la alegría de abrazar a las abuelas y chocar los cinco con los niños más pequeños semana tras semana. El pastor admitió abiertamente que le encantaba cuando sus feligreses alababan su mensaje, felicitándolo por cómo Dios lo usó para hablarles.

Pero luego el pastor describió un encuentro que tuvo con un hombre, Matt, a quien había visto regularmente en la iglesia, pero que nunca había llegado a conocer bien. Matt probablemente tendría unos cuarenta y cinco años y estaba ligeramente canoso alrededor de las sienes. Las arrugas alrededor de sus ojos indicaban que quizás había tenido algunos años desafiantes en su vida, pero su cálida sonrisa y su apretón de manos confiado llevaron al predicador a creer que Matt probablemente estaba en una mejor época de su vida en aquel momento.

Un domingo después del servicio, Matt tomó las manos del pastor con firmeza y dijo: «Pastor, quiero que sepa que mi respuesta es sí. Y ahora, ¿cuál es la pregunta?».

El pastor miró a Matt con curiosidad. *Pobre hombre, ¿de qué está hablando? ¿La respuesta es sí? ¿Qué quiere decir eso?* No queriendo hacerlo sentir incómodo, el pastor sonrió al hombre, asintió y dijo: «Gracias, Matt. Que Dios te bendiga».

El siguiente domingo después de la iglesia, Matt se acercó al pastor en la puerta y le dijo exactamente lo mismo. Con sinceridad profunda, miró al pastor directamente a los ojos y le dijo: «Pastor, quiero que sepa que mi respuesta para usted siempre será sí. Y ahora, ¿cuál es la pregunta?».

El pastor asumió que no estaba escuchando a Matt correctamente. Simplemente no tenía sentido. Una vez más, asintió con la cabeza y estrechó la mano de Matt y mantuvo la fila de saludo en movimiento.

El siguiente domingo, sucedió de nuevo. Esta vez, el pastor sabía que había escuchado a Matt correctamente. Pero el pastor todavía estaba confundido. *¿Qué quiere decir con eso? La respuesta es sí, ¿la respuesta a qué?*

No queriendo detener la fila de saludo para una conversación más larga, le preguntó a Matt si podían encontrarse en otro momento para tomar un café. Matt sonrió ampliamente y le entregó al pastor su tarjeta de presentación con su información de contacto. «¡Por supuesto que podemos quedar para un café! Le dije que mi respuesta es sí».

El martes de esa semana, los dos hombres se encontraron en un café. Después de terminar la charla de cortesía obligatoria, el pastor se inclinó un poco y dijo: «Me he estado preguntando sobre lo que me dijiste. ¿Qué quieres decir con que la respuesta es sí?».

Matt se echó hacia atrás con una mirada de profunda satisfacción, como si hubiera estado esperando toda su vida a que el pastor le hiciera esa pregunta.

Comenzó a hablar lentamente, eligiendo cuidadosamente sus palabras. «No siempre fui el hombre que soy ahora. Hice muchas cosas malas en mi vida, lastimé a mucha gente. Era adicto al alcohol, la pornografía y el juego. Esas adicciones controlaban mi vida. Traicioné a mi esposa, lastimé a mis hijos, causé mucho dolor». A Matt se le hizo un nudo en la garganta y el pastor pudo ver lágrimas formándose en los ojos del hombre.

Asumiendo que eran lágrimas de dolor y arrepentimiento, el pastor se sorprendió al escuchar a Matt decir: «Pero ahora estoy agradecido por esos momentos difíciles. Porque eso es lo que me ayudó a estar abierto a Cristo. Verá, cuando toqué fondo, un amigo me invitó a la iglesia. Y fue entonces cuando lo escuché a usted predicar sobre la gracia de Cristo».

Cuando el hombre dijo la palabra *Cristo*, las lágrimas comenzaron a brotar. Matt continuó contando su historia sin siquiera intentar ocultar su evidente emoción. «Al principio, solo escuché, sin saber si podía creer que era verdad para mí. Pero después de unos meses, invité a Cristo a mi vida y él me cambió».

En ese momento, el pastor no pudo contener sus propias lágrimas. Los dos hombres se sentaron en silencio durante un momento. Ambos cambiados por el mismo Salvador. Ambos agradecidos por el breve y sagrado momento que compartían juntos con una taza de café.

Entonces el hombre dijo: «Pastor, por eso quiero que sepa que mi respuesta es siempre sí. Debido a cómo Jesús cambió mi vida a través de nuestra iglesia, siempre estaré disponible para Él —y para usted. Si me pide que corte el césped de la iglesia, será un honor para mí hacerlo. Si necesita dinero para ayudar a una madre soltera, se lo daré sin dudarlo. Si necesita que alguien lleve a una viuda a la iglesia, yo me ofrezco de conductor. Pastor, quiero que sepa que mi respuesta es sí. Así que solo déjeme saber la pregunta».

Ese es el corazón de una persona que Dios puede usar.

Tal apertura es la esencia de esta oración peligrosa. Cuando Isaías experimentó la presencia de Dios, se dio cuenta de su propio quebrantamiento pecaminoso. Entonces el serafín tocó sus labios con el carbón encendido y Dios perdonó su pecado. Debido a la bondad de Dios, la gracia de Dios y el amor de Dios, la respuesta de Isaías fue arriesgada. Envíame. Donde sea. Cuando sea. Firmaré mi nombre en un contrato en blanco de disponibilidad. Dios, tú solo llena los detalles.

Úsame. Mi vida es completamente tuya. Que tu voluntad se convierta en mi voluntad. Tu plan, en mi plan.

Observa que Isaías no pidió ningún detalle. No le preguntó a Dios dónde, o cuándo, o qué sucedería. Por eso esta oración puede parecer tan peligrosa. «Dios, envíame. Úsame. No estoy pidiendo detalles. No necesito conocer los beneficios. O si será fácil. O si lo disfrutaré.

> Por ser quien eres —mi Dios, mi Rey, mi Salvador— confío en ti. Porque eres soberano sobre el universo, te entrego mi voluntad, cada parte de mí.

Por ser quien eres —mi Dios, mi Rey, mi Salvador— confío en ti. Porque eres soberano sobre el universo, te entrego mi voluntad, cada parte de mí. Toma mi mente, mis ojos, mi boca, mis oídos, mi corazón, mis manos y mis pies y guíame hacia tu voluntad. Confío en ti. Dios, mi respuesta es sí. Y ahora, ¿cuál es la pregunta?».

Imagínate si oraras de esta manera. ¿Estás harto de las oraciones seguras? ¿Estás cansado de vivir por cosas que no importan? ¿Desprecias el cristianismo débil y a medias? Entonces haz la oración peligrosa.

> ¿Desprecias el cristianismo débil y a medias? Entonces haz la oración peligrosa.

Aquí estoy, Señor.
Envíame.
Úsame.

Conclusión

INQUIÉTAME, SEÑOR

Amo al Señor porque escucha mi voz y mi oración
que pide misericordia. Debido a que él se inclina para escuchar,
¡oraré mientras tenga aliento!

—SALMO 116:1-2 NTV

Aquello por lo que oramos es importante. Pero no solo es importante, también es revelador.

El contenido de nuestras oraciones nos dice más sobre nosotros y nuestra relación con Dios de lo que la mayoría de la gente podría imaginar. Aquello por lo que oramos refleja lo que creemos acerca de Dios. Si la mayoría de nuestras oraciones son para «nosotros mismos» o «lo que nos importa a nosotros», entonces el contenido de nuestras oraciones comunica que creemos, en el fondo, que Dios existe principalmente para *nosotros*.

Así que tómate un momento y haz una auditoría de tus oraciones. Piensa en todo por lo que has orado recientemente, no toda tu vida, solo los últimos siete días. Considera escribir en una libreta o escribir una nota en tu teléfono y enumerar todas las cosas diferentes que le pediste a Dios que hiciera la semana pasada. Tómate

143

> Responde honestamente. Si Dios dijera que sí a cada una de las oraciones que hiciste en los últimos siete días, ¿cómo sería el mundo diferente?

un momento y piensa un poco. ¿Te acuerdas? ¿Qué fue lo que oraste? ¿Qué le pediste a Dios que hiciera?

Ahora responde honestamente. Si Dios dijera que sí a cada una de las oraciones que hiciste en los últimos siete días, ¿cómo sería el mundo diferente?

Si tus oraciones fueran de las normales y seguras, entonces tal vez habrías tenido un buen día, habrías llegado sano y salvo o habrías disfrutado de unas bendecidas papas fritas, hamburguesa doble con queso y Coca-Cola Light.

O si te aventuraras a hacer oraciones un poco más grandes, tal vez habrías triunfado en una presentación en tu trabajo o habrías conseguido un nuevo cliente, a pesar de no estar realmente preparado. Tal vez habrías conseguido ese lugar que le pediste a Dios en la primera fila del concurrido estacionamiento del centro comercial. O tal vez, solo tal vez, habrías ganado la lotería.

Durante años, si yo hubiera hecho una auditoría de mis oraciones, los resultados habrían sido deprimentes. Si Dios hubiera hecho todo lo que yo le pedía durante el período de una semana, el mundo no habría sido muy diferente. Sinceramente, algunas semanas no oraba por nada. Otras semanas, podía haber orado, pero todas las oraciones eran sobre mí, y eso no cambia mucho en el gran esquema de las cosas.

Mis oraciones eran demasiado seguras.

Tenía acceso al Creador y Sustentador del universo. El gran YO SOY. El Alfa y el Omega. El Principio y el Fin. El Dios todopoderoso, omnipresente y omnisciente que puede enviar fuego desde el cielo, cerrar la boca a los leones hambrientos o calmar una tormenta furiosa. Y todo lo que le pedía que hiciera era mantenerme a salvo y ayudarme a tener un buen día.

Entonces, un día me encontré con una oración atribuida a Sir Francis Drake, un corsario inglés que vivió entre 1540 y 1596. Su oración me trastornó. No era fácil hacerla. Y definitivamente no era segura. Esta oración peligrosa ayudó a expandirme, a llevarme de una cómoda inercia a elevarme por la fe. Ahora que nuestro tiempo juntos llega a su fin, te animo a que te tomes unos minutos y leas las palabras de Drake lentamente.

Inquiétanos, Señor, cuando estemos demasiado conformes con nosotros mismos, cuando nuestros sueños se hayan hecho realidad porque hemos soñado muy poco, cuando llegamos sanos y salvos porque navegamos demasiado cerca de la orilla.

Inquiétanos, Señor, cuando con la abundancia de cosas que poseemos, hemos perdido la sed de las aguas de la vida; habiéndonos enamorado de la vida, hemos dejado de soñar con la eternidad, y en nuestros esfuerzos por construir un mundo nuevo, hemos permitido que nuestra visión del cielo nuevo se oscurezca.

Inquiétanos, Señor, para que nos atrevamos a más, para que nos aventuremos a mares más abiertos donde las tormentas nos mostrarán tu dominio; donde perdiendo de vista la tierra, encontraremos las estrellas. Te pedimos que amplíes el horizonte de nuestras esperanzas; y que nos impulses al futuro en fuerza, valor, esperanza y amor.

Te lo pedimos en nombre de nuestro Capitán, que es Jesucristo.

¡Amén!*

---

* Blog *Oraciones para una iglesia peregrina*, «Inquiétanos, Señor: una oración de Sir Francis Drake», entrada de blog por Danut Manastireanu, 13 de enero de 2016, https://pilgrimchurchprayers.wordpress.com/2016/01/13/disturb-us-lord-a-prayer-of-sir-francis-drake/.

Y eso es lo que hizo Dios. Me inquietó.

Durante años, nunca quise que me interrumpieran. Pero después de hacer oraciones más peligrosas, descubrí que las indicaciones sutiles de Dios interrumpían regularmente mis planes egocéntricos y que Él me dirigía hacia su voluntad eterna.

> En lugar de anhelar una vida de comodidad, he encontrado gozo al atender las necesidades de los demás a través de actos diarios de fe.

En lugar de estar limitado por lo que yo quería, Dios me ayudó a preocuparme por los demás y a considerar lo que Él quiere. En lugar de anhelar una vida de comodidad, he encontrado gozo al atender las necesidades de los demás a través de actos diarios de fe. En lugar de intentar controlar mi vida, he aprendido a confiar en Dios momento a momento, incluso si me quebranta. Estoy lejos de ser perfecto —algunos dirían que estoy más inquieto que nunca— pero estoy más cerca de Dios.

Mi fe es más fuerte.

Mi vida es más rica.

Mi corazón está más lleno.

> Es hora de orar con valentía, de arriesgar, de abrirse a un camino diferente hacia un destino mejor.

Creo que Dios también quiere inquietarte. Y si has llegado al final de este libro, entonces debes estar deseando más de tu relación con Dios. Anhelas conocerlo, hablar con Él, escucharlo y ser guiado por Él. Ansías hacer la diferencia. Anhelas glorificar a Dios con la manera en que vives tu vida.

Es hora de cambiar tus oraciones.

Es hora de buscar a Dios con pasión, con cada fibra de tu ser. Es hora de abandonar las oraciones seguras, cómodas, predecibles y fáciles de hacer. Es hora de orar con valor, de arriesgar, de abrirte a un camino diferente hacia un destino mejor. Es hora de comenzar a hacer oraciones peligrosas.

Es hora de inquietarte.

Piensa en lo que podría ser diferente si oraras con más transparencia. Si arriesgaras más. Si estuvieras más abierto a lo que Dios puede hacer en ti en lugar de solo esperar que Él haga algo por ti. ¿Qué pasaría si hicieras oraciones más arriesgadas? ¿Si soñaras en grande? ¿Si siguieras temerariamente a Jesús con una fe atrevida y abnegada?

Ten el valor de pedirle a Dios que te examine. Dale permiso para conocer tu corazón, para ver si tienes algo ofensivo en tu alma. Para llevarte a su plan. Cuando lo hagas, tal vez Dios te revele un rincón de oscuridad en tu corazón y lo transforme con su luz gloriosa. Y nunca volverás a ser el mismo.

¿O te atreves a orar para que Dios te quebrante? Da miedo, sin duda. Es posible que no tengas noticias suyas de inmediato. Entonces, un día, Él responderá a esa peligrosa oración. Y el quebrantamiento será más doloroso de lo que imaginas. Pero también lo es la intimidad, la fuerza de su presencia y la confianza firme en la bondad de Dios al otro lado de tu dolor. No querrás volver a pasar por ese quebrantamiento. Pero nunca cambiarías lo que Dios hizo en ti a través de tu quebrantamiento.

Serás diferente. Tu fe será más profunda.

Eres suyo. Él es tuyo (Salmo 100:3).

Una vez que conozcas a Dios tan bien, no querrás esperar a que Él te envíe. A que te use para sus propósitos de servir y amar, ministrar y dar, perdonar y sanar. Enviado por Dios, podrías enfrentar alguna injusticia, reparar un daño, satisfacer alguna necesidad. Él será glorificado. Las vidas y los corazones de otros hombres y mujeres cambiarán. Y tú sabrás que obedeciste a Dios y mostraste su amor.

En lugar de estar obsesionado con la comodidad, vivirás para un llamado. Dios te sacará de tu zona de confort y llevarás a otros a conocer a Jesús. Un día, quizás, Dios escuchará en el cielo tus gritos llenos de fe y sanará a alguien del cáncer en la tierra. Quizás mientras hablas a Dios, Él te hablará. Tal vez Él te empuje fuera de tu zona de confort y tengas tu primera discusión seria sobre adoptar un niño. O tal vez obedecerás la voz de Dios y pagues las compras del supermercado de alguien. O seguirás la indicación del Espíritu de Dios y te comprometerás a ir al próximo viaje misionero de tu iglesia.

Cuando haces oraciones peligrosas, tu vida simplemente no puede seguir siendo la misma.

Pase lo que pase, tu vida no será igual. Cuando haces oraciones peligrosas, tu vida simplemente *no puede* seguir siendo la misma.

Si realmente quieres hacer una diferencia en la tierra, necesitas el poder del cielo. Si quieres que tu vida importe, es hora de hacer oraciones grandes, arriesgadas y audaces.

Busca a Dios y sueña en grande. Rechaza el miedo al fracaso. Es hora de arriesgarte. Confiar. Atreverte. Creer. Tu vida no siempre se sentirá segura. Y necesitarás fe. Pero sin fe, es imposible complacer a Dios.

¿Qué estás esperando?

Cierra el libro.

Abre tu corazón.

Clama a Dios.

Ora.

PREGUNTAS DE DISCUSIÓN

INTRODUCCIÓN

1. En una escala del 1 al 10 (donde uno la representa patéticamente débil y diez la representa apasionadamente alimentada por la fe), ¿cómo clasificarías tu vida de oración durante la semana pasada y por qué?

2. ¿En qué circunstancias te ha resultado fácil orar? ¿Cuándo ha sido más bien un desafío? ¿Por qué?

3. Cuando eras pequeño, ¿la oración era parte de tu vida? Si es así, describe qué papel desempeñó.

4. ¿Hay alguna oración peligrosa que sabes que deberías estar haciendo, pero tienes miedo de hacerla? Habla de esto abiertamente.

5. Si Dios te ayudara a crecer en un aspecto de tu vida de oración, ¿cuál crees que sería y por qué? Descríbelo.

PRIMERA PARTE: EXAMÍNAME

1. Mucha gente dirá o creerá que tiene un «buen corazón». Pero aprendimos en este capítulo que el corazón es engañoso

(Jeremías 17:9). ¿Puedes recordar alguna vez que tu corazón te llevó a hacer algo que no debiste haber hecho? ¿Justificaste algo? ¿Cómo te llevó tu corazón por mal camino?

2. Cuando David estaba en un lugar oscuro, hizo la oración peligrosa: «Examíname, Dios» (Salmo 139:23). ¿Alguna vez le has pedido a Dios que te examine? Si no es así, ¿por qué no? Si es así, ¿qué te mostró?

3. David le pidió a Dios que le revelara sus «pensamientos ansiosos» (ver Salmo 139:23). ¿Qué preocupaciones o cargas te ponen ansioso? ¿Hay algo que te pese o te mantenga despierto por la noche?

4. También vimos cómo David valientemente le pidió a Dios que le mostrara si había algo ofensivo en él (ver Salmo 139:24). ¿Alguna vez le has pedido a Dios que te muestre tu pecado? ¿Alguna vez reveló algo en ti que Él deseaba purificar o cambiar? Si es así, describe lo que sucedió.

5. David hizo la oración peligrosa invitando a Dios a «examinarlo», para guiarlo y dirigir sus pasos. ¿Alguna vez Dios te ha animado, te ha hablado o te ha dado un empujón para que hagas algo después de orar? O a lo mejor te mostró algo a través de un sermón, una canción o un amigo. Habla sobre un momento en el que sabes que Dios te estaba guiando.

SEGUNDA PARTE: QUEBRÁNTAME

1. Las Escrituras muestran una y otra vez cómo los momentos difíciles pueden hacernos más fuertes y acercarnos a Dios. Describe un momento en el que experimentaste algo difícil y, sin embargo, reconociste que la bondad de Dios estaba contigo durante esa prueba.

2. En el capítulo 2, examinamos 1 Corintios 11:24, que dice: «Y habiendo dado gracias [Jesús], lo partió [el pan], y dijo:

'Tomad, comed; esto es mi cuerpo que por vosotros es partido; haced esto en memoria de mí'». Si has estado en la iglesia, tal vez hayas experimentado la Comunión o la Cena del Señor. ¿Qué significa este sacramento para ti? Descríbelo.

3. Algunos podrían decir que invitar a Dios a «quebrantarlos» es la más atemorizante de las tres oraciones peligrosas. Si tuvieras el valor de pedirle a Dios que te quebrantara, ¿qué temes que pueda hacer? Si tus miedos realmente se hicieran realidad, ¿cómo crees que Dios se mostraría ante ti?

4. ¿A quién conoces que haya experimentado un dolor profundo y sea más fuerte espiritualmente posterior del quebrantamiento? ¿Cómo está usando Dios a esa persona ahora?

5. Si dedicaras tiempo a invitar a Dios a que te quebrante, ¿qué crees que Él querría eliminar de tu vida primero? ¿Te apartaría del egoísmo? ¿Del orgullo? ¿De la autosuficiencia? ¿O de otra cosa? Habla de ello y explica por qué.

TERCERA PARTE: ENVÍAME

1. En este capítulo, examinamos la oración de Isaías cuando dijo: «Aquí estoy yo. Envíame a mí» (Isaías 6:8 NTV). A veces me pongo nervioso al hacer esta oración por temor a dónde me podría enviar Dios o qué me pedirá que haga. ¿Te identificas con esto?

2. ¿Estás entregado —completamente disponible— a Dios ahora mismo? ¿Estás haciendo todo lo que Él te está impulsando a que hagas? ¿O estás siendo cauteloso? ¿Resistiendo? Por favor, discútelo abiertamente. Anímense unos a otros a tener una conexión más profunda con Dios.

3. En el sexto capítulo de Isaías, el profeta experimentó la presencia de Dios de una manera que jamás había experimentado antes. Cuando piensas en experimentar la presencia de Dios,

¿qué te viene a la mente? ¿Alguna vez has sentido que Dios estaba contigo? ¿Es una experiencia poco frecuente? ¿O pasa a menudo? ¿Cómo o cuándo experimentas mejor a Dios?

4. En este capítulo, analizamos el principio, «lo que alimentas crece y lo que no alimentas muere». ¿Puedes describir un momento en el que alimentar tu espíritu con la verdad te ayudó a crecer? ¿Cómo te otorgó Dios la habilidad de superar un error y acercarte más a Él? Descríbelo.

5. Cualquier acto de fe puede ayudar a que te acerques más a Dios. Habla sobre lo último que hiciste que requiriera fe en Dios de tu parte. ¿Qué ocurrió? ¿Qué aprendiste? ¿Estás listo para permitir que Dios «te envíe» sin importar a dónde te lleve?

CONCLUSIÓN

1. Si Dios dijera que sí a cada oración que hiciste durante la última semana, ¿qué sería diferente en este mundo hoy? Sé específico.

2. En la conclusión, examinamos una oración atribuida a Sir Francis Drake. Él pidió a Dios que lo «inquietara». ¿Cómo te ha inquietado Dios luego de leer este libro? ¿Qué te está mostrando Dios sobre tu vida de oración? ¿Sobre tu fe?

3. De las tres oraciones —*examíname*, *quebrántame* y *envíame*— ¿cuál es la más difícil de hacer para ti y por qué?

4. De las tres oraciones —*examíname*, *quebrántame* y *envíame*— ¿cuál estás más dispuesto a hacer y por qué?

5. Examinamos tres oraciones peligrosas. Si lo piensas, estoy seguro de que hay muchas otras que te vienen a la mente. Si añadieras una cuarta oración peligrosa, ¿cuál sería y por qué?

HAZ UNA ORACIÓN PELIGROSA HOY

La Biblia está llena de oraciones peligrosas. El rey David, el apóstol Pablo e, incluso, Jesús oraron sus propias versiones de oraciones peligrosas. Como aprendimos en la introducción de este libro, hicieron oraciones honestas —oraciones desesperadas, exaltadas, valientes y auténticas.

Con sus propias palabras dijeron *examíname, quebrántame y envíame*.

Las oraciones peligrosas de la Biblia pueden ser el combustible para tus oraciones peligrosas hoy. La voz de Isaías podría ayudarte a encontrar la tuya. Las palabras de Ester podrían ayudarte a descubrir nuevas palabras por ti mismo.

Lo que sigue es una breve lista de las oraciones peligrosas que se encuentran en la Biblia. Si tienes problemas para orar, comienza con estas. Léelas y adáptalas a tu situación. Permite que las palabras de los seguidores de Dios que te han precedido te inspiren y te ayuden a encontrar tus propias palabras.

CÓMO EMPEZAR A ORAR

Jesús enseñó a sus discípulos a orar dándoles un ejemplo, un pasaje ampliamente conocido ahora como el Padre Nuestro. Puedes orar las palabras exactas de estos versículos como si fueran tuyas. Medita sobre ellas. Memorízalas. Probablemente reconocerás gran parte de esta oración.

> «Vosotros, pues, oraréis así: 'Padre nuestro que estás en los cielos, santificado sea tu nombre. Venga tu reino. Hágase tu voluntad, como en el cielo, así también en la tierra. El pan nuestro de cada día, dánoslo hoy. Y perdónanos nuestras deudas, como también nosotros perdonamos a nuestros deudores. Y no nos metas en tentación, mas líbranos del mal'».
>
> —MATEO 6:9-13

Algo grandioso de esta oración es que no tiene un final de «amén». Se siente abierto. Puedes orar estas palabras, luego compartir con Dios una frase o dos que salgan de tu corazón antes de decir amén.

ORACIONES PARA PEDIR «EXAMÍNAME»

El Salmo 139 es una oración abierta y honesta ante Dios acerca de cómo nada permanece oculto para Él. Abre tu corazón a Dios. Hazla como si fuera tuya.

> Oh, Jehová, tú me has examinado y conocido. Tú has conocido mi sentarme y mi levantarme; has entendido desde lejos mis pensamientos. Has escudriñado mi andar y mi reposo, y todos mis caminos te son conocidos. Pues aún no está la palabra en mi lengua, y he aquí, oh, Jehová, tú la sabes toda. Detrás

y delante me rodeaste, y sobre mí pusiste tu mano. Tal conocimiento es demasiado maravilloso para mí; alto es, no lo puedo comprender.

Examíname, oh, Dios, y conoce mi corazón; pruébame y conoce mis pensamientos; y ve si hay en mí camino de perversidad, y guíame en el camino eterno.

—SALMO 139:1-6, 23-24

Ora este breve salmo de David que clama «¡examíname!» durante una época de estrés y peligro.

¿Hasta cuándo, Jehová? ¿Me olvidarás para siempre? ¿Hasta cuándo esconderás tu rostro de mí? ¿Hasta cuándo pondré consejos en mi alma, con tristezas en mi corazón cada día? ¿Hasta cuándo será enaltecido mi enemigo sobre mí?

Mira, respóndeme, oh, Jehová Dios mío; alumbra mis ojos, para que no duerma de muerte; para que no diga mi enemigo: «Lo vencí». Mis enemigos se alegrarían, si yo resbalara.

Mas yo en tu misericordia he confiado; mi corazón se alegrará en tu salvación. Cantaré a Jehová, porque me ha hecho bien.

—SALMO 13

ORACIONES PARA PEDIR «QUEBRÁNTAME»

Jesús nos dio *el* ejemplo de lo que significa pedir «quebrántame».

Habiendo dado gracias [Jesús], lo partió [el pan], y dijo: «Tomad, comed; esto es mi cuerpo que por vosotros es partido; haced esto en memoria de mí».

—1 CORINTIOS 11:24, ORADA
DURANTE LA ÚLTIMA CENA

«Padre, si quieres, pasa de mí esta copa; pero no se haga mi voluntad, sino la tuya».

—LUCAS 22:42, ORADA LA NOCHE
EN QUE JESÚS FUE ARRESTADO

ORACIONES PARA PEDIR «ENVÍAME»

Ora las palabras peligrosas y vulnerables del profeta Isaías a Dios:

Después oí la voz del Señor, que decía: «¿A quién enviaré, y quién irá por nosotros? Entonces respondí yo: Heme aquí, envíame a mí».

—ISAÍAS 6:8

Ora como Ester, una joven que estaba dispuesta a arriesgar su propia vida para proteger al pueblo de Dios:

«Ve y reúne a todos los judíos que se hallan en Susa, y ayunad por mí, y no comáis ni bebáis en tres días, noche y día; yo también con mis doncellas ayunaré igualmente, y entonces entraré a ver al rey, aunque no sea conforme a la ley; y si perezco, que perezca».

—ESTER 4:16

Lee y ora todo el Salmo 40 si puedes. Este es un capítulo increíble de la Biblia. Ora en voz alta los versículos que se relacionen con tus circunstancias. David dijo: «Envíame a mí».

He anunciado justicia en grande congregación; he aquí, no refrené mis labios, Jehová, tú lo sabes. No encubrí tu justicia dentro de mi corazón; he publicado tu fidelidad y tu salvación; no oculté tu misericordia y tu verdad en grande asamblea.

—SALMO 40:9—10

ORACIONES PARA LA CONFESIÓN

El Salmo 32 es una oración clásica de confesión. Cuando no confesamos nuestros pecados, es como si nuestros «huesos envejecieran». Pero Dios te ama con «misericordia». Si hay pecado en tu vida que no le has confesado a Dios, ora las palabras de este salmo. Confiesa. No importa lo que hayas hecho, puedes creer que Dios «rodea a quien espera en Él».

Bienaventurado aquel cuya transgresión ha sido perdonada, y cubierto su pecado.

Bienaventurado el hombre a quien Jehová no culpa de iniquidad, y en cuyo espíritu no hay engaño.

Mientras callé, se envejecieron mis huesos en mi gemir todo el día. Porque de día y de noche se agravó sobre mí tu mano; se volvió mi verdor en sequedades de verano.

Mi pecado te declaré, y no encubrí mi iniquidad. Dije: «confesaré mis transgresiones a Jehová». Y tú perdonaste la maldad de mi pecado.

Por esto orará a ti todo santo en el tiempo en que puedas ser hallado; ciertamente en la inundación de muchas aguas no llegarán éstas a él. Tú eres mi refugio; me guardarás de la angustia; con cánticos de liberación me rodearás.

Te haré entender, y te enseñaré el camino en que debes andar; sobre ti fijaré mis ojos. No seáis como el caballo, o como el mulo, sin entendimiento, que han de ser sujetados con cabestro y con freno, porque si no, no se acercan a ti. Muchos dolores habrá para el impío; mas al que espera en Jehová, le rodea la misericordia.

Alegraos en Jehová y gozaos, justos; y cantad con júbilo todos vosotros los rectos de corazón.

—SALMO 32

Con mi voz clamaré a Jehová; con mi voz pediré a Jehová misericordia. Delante de él expondré mi queja; delante de él manifestaré mi angustia.

Cuando mi espíritu se angustiaba dentro de mí, tú conociste mi senda. En el camino en que andaba, me escondieron lazo. Mira a mi diestra y observa, pues no hay quien me quiera conocer; no tengo refugio, ni hay quien cuide de mi vida.

Clamé a ti, oh, Jehová; dije: Tú eres mi esperanza, y mi porción en la tierra de los vivientes.

Escucha mi clamor, porque estoy muy afligido. Líbrame de los que me persiguen, porque son más fuertes que yo. Saca mi alma de la cárcel, para que alabe tu nombre; me rodearán los justos, porque tú me serás propicio.

—SALMO 142

Algunos de los peores momentos del rey David se registran en 2 Samuel 11 y 12. Sus pecados se llevaron la vida de otros y separaron a una familia. El Salmo 51 registra su confesión después de esos eventos. No importa lo que hayas hecho, usa las palabras de este salmo y ve hasta Dios en oración.

Ten piedad de mí, oh, Dios, conforme a tu misericordia; conforme a la multitud de tus piedades borra mis rebeliones. Lávame más y más de mi maldad, y límpiame de mi pecado.

Porque yo reconozco mis rebeliones, y mi pecado está siempre delante de mí. Contra ti, contra ti solo he pecado, y he hecho lo malo delante de tus ojos; para que seas reconocido justo en tu palabra, y tenido por puro en tu juicio. He aquí, en maldad he sido formado, y en pecado me concibió mi madre. He aquí, tú amas la verdad en lo íntimo, y en lo secreto me has hecho comprender sabiduría.

Purifícame con hisopo, y seré limpio; lávame, y seré más blanco que la nieve. Hazme oír gozo y alegría, y se recrearán los huesos que has abatido. Esconde tu rostro de mis pecados, y borra todas mis maldades.

Crea en mí, oh, Dios, un corazón limpio, y renueva un espíritu recto dentro de mí. No me eches de delante de ti, y no quites de mí tu santo Espíritu. Vuélveme el gozo de tu salvación, y espíritu noble me sustente.

—SALMO 51:1-12

CUANDO LA VIDA SEA INSOPORTABLE

Este salmo dará palabras a tu dolor y a tu espera y te recordará el increíble poder y amor de Dios.

Jehová, escucha mi oración, y llegue a ti mi clamor. No escondas de mí tu rostro en el día de mi angustia; inclina a mí tu oído; apresúrate a responderme el día que te invocare.

Porque mis días se han consumido como humo, y mis huesos cual tizón están quemados. Mi corazón está herido, y seco como la hierba, por lo cual me olvido de comer mi pan. Por la voz de mi gemido mis huesos se han pegado a mi carne. Soy semejante al pelícano del desierto; soy como el búho de las soledades; velo, y soy como el pájaro solitario sobre el tejado. Cada día me afrentan mis enemigos; los que contra mí se enfurecen, se han conjurado contra mí. Por lo cual yo como ceniza a manera de pan, y mi bebida mezclo con lágrimas, a causa de tu enojo y de tu ira; pues me alzaste, y me has arrojado. Mis días son como sombra que se va, y me he secado como la hierba.

—SALMO 102:1-11

¿Sabías que Jesús también oró con las palabras de la Escritura? Oró partes de los Salmos mientras colgaba de la cruz. Cuando la vida sea insoportable, ora como Jesús oró: expresa tus sentimientos honestos ante Dios, luego encomienda tu espíritu —tu vida, tu corazón, tus preocupaciones— a Él.

Cerca de la hora novena, Jesús clamó a gran voz, diciendo: «*Elí, Elí, ¿lama sabactani?*» (esto es: «Dios mío, Dios mío, ¿por qué me has desamparado?»).

—MATEO 27:46

Entonces Jesús, clamando a gran voz, dijo: «Padre, en tus manos encomiendo mi espíritu». Y habiendo dicho esto, expiró.

—LUCAS 23:46

ORACIONES PARA PEDIR SANACIÓN

Cuando tú o alguien que conoces está enfermo o sufriendo físicamente, puedes clamar a Dios y pedirle sanación. Considera orar las palabras de este salmo.

Ten misericordia de mí, oh, Jehová, porque estoy enfermo; Sáname, oh, Jehová, porque mis huesos se estremecen. Mi alma también está muy turbada; y tú, Jehová, ¿hasta cuándo?

Vuélvete, oh, Jehová, libra mi alma; sálvame por tu misericordia. Porque en la muerte no hay memoria de ti; en el Seol, ¿quién te alabará?

Me he consumido a fuerza de gemir.

Todas las noches inundo de llanto mi lecho, riego mi cama con mis lágrimas. Mis ojos están gastados de sufrir; se han envejecido a causa de todos mis angustiadores.

Apartaos de mí, todos los hacedores de iniquidad; porque Jehová ha oído la voz de mi lloro. Jehová ha oído mi ruego; ha recibido Jehová mi oración.

—SALMO 6:2-9

Pablo supo lo que era sufrir físicamente. La Biblia registra que fue derribado, apedreado, náufrago y amenazado en múltiples ocasiones. Ora sus palabras y encuentra renovación en el Espíritu Santo de Dios.

Y el Dios de esperanza os llene de todo gozo y paz en el creer, para que abundéis en esperanza por el poder del Espíritu Santo.

—ROMANOS 15:13

ORACIONES DE ALABANZA

Ora estas palabras bajo el sol. Óralas en una tormenta. Óralas en los días malos y buenos. Óralas para recordar que «tú eres suyo» sin importar cómo sean tus días.

Cantad alegres a Dios, habitantes de toda la tierra. Servid a Jehová con alegría; venid ante su presencia con regocijo. Reconoced que Jehová es Dios; Él nos hizo, y no nosotros a nosotros mismos; pueblo suyo somos, y ovejas de su prado.

Entrad por sus puertas con acción de gracias, por sus atrios con alabanza; alabadle, bendecid su nombre. Porque Jehová es bueno; para siempre es su misericordia, y su verdad por todas las generaciones.

—SALMO 100

A veces las circunstancias de la vida son tan feas que debemos mirar fuera de nosotros mismos para alabar a Dios. Ora para que las palabras de este salmo sean atraídas al mundo natural y regresen a la Palabra de Dios.

Los cielos cuentan la gloria de Dios, y el firmamento anuncia la obra de sus manos. Un día emite palabra a otro día, y una noche a otra noche declara sabiduría. No hay lenguaje, ni palabras, ni es oída su voz. Por toda la tierra salió su voz, y hasta el extremo del mundo sus palabras. En ellos puso tabernáculo para el sol; y éste, como esposo que sale de su tálamo, se alegra cual gigante para correr el camino. De un extremo de los cielos es su salida, y su curso hasta el término de ellos; y nada hay que se esconda de su calor.

La ley de Jehová es perfecta, que convierte el alma; el testimonio de Jehová es fiel, que hace sabio al sencillo. Los mandamientos de Jehová son rectos, que alegran el corazón; el precepto de Jehová es puro, que alumbra los ojos. El temor de Jehová es limpio, que permanece para siempre; los juicios de Jehová son verdad, todos justos.

Deseables son más que el oro, y más que mucho oro afinado; y dulces más que miel, y que la que destila del panal. Tu siervo es además amonestado con ellos; en guardarlos hay grande galardón. ¿Quién podrá entender sus propios errores? Líbrame de los que me son ocultos. Preserva también a tu siervo de las soberbias; que no se enseñoreen de mí; entonces seré íntegro, y estaré limpio de gran rebelión.

Sean gratos los dichos de mi boca y la meditación de mi corazón delante de ti, oh, Jehová, roca mía, y redentor mío.

—SALMO 19

ORACIÓN PARA PEDIR POR LA UNIDAD

¿Sabías que Jesús oró por ti? Juan 17 registra una oración de Jesús que incluye a «todos los que han de creer en mí». Es una oración para pedir por la unidad de espíritu y propósito.

«Mas no ruego solamente por éstos, sino también por los que han de creer en mí por la palabra de ellos, para que todos sean uno; como tú, oh, Padre, en mí, y yo en ti, que también ellos sean uno en nosotros; para que el mundo crea que tú me enviaste. La gloria que me diste, yo les he dado, para que sean uno, así como nosotros somos uno. Yo en ellos, y tú en mí, para que sean perfectos en unidad, para que el mundo conozca que tú me enviaste, y que los has amado a ellos como también a mí me has amado».

—JUAN 17:20-23

ORACIONES CON PROPÓSITO

Cuando Pablo ora, ora con propósito. Observa en sus oraciones la frecuencia con la que usa o da a entender las palabras «para que».

Por esta causa doblo mis rodillas ante el Padre de nuestro Señor Jesucristo, de quien toma nombre toda familia en los cielos y en la tierra, para que os dé, conforme a las riquezas de su gloria, el ser fortalecidos con poder en el hombre interior por su Espíritu; para que habite Cristo por la fe en vuestros corazones, a fin de que, arraigados y cimentados en amor, seáis plenamente capaces de comprender con todos los santos cuál sea la anchura, la longitud, la profundidad y la altura, y de conocer el amor de Cristo, que excede a todo conocimiento, para que seáis llenos de toda la plenitud de Dios.

Y a Aquel que es poderoso para hacer todas las cosas mucho más abundantemente de lo que pedimos o entendemos, según el poder que actúa en nosotros, a él sea gloria en la iglesia en Cristo Jesús por todas las edades, por los siglos de los siglos. Amén.

—EFESIOS 3:14-21

Por lo cual también nosotros, desde el día que lo oímos, no cesamos de orar por vosotros, y de pedir que seáis llenos del conocimiento de su voluntad en toda sabiduría e inteligencia espiritual, para que andéis como es digno del Señor, agradándole en todo, llevando fruto en toda buena obra, y creciendo en el conocimiento de Dios; fortalecidos con todo poder, conforme a la potencia de su gloria, para toda paciencia y longanimidad; con gozo dando gracias al Padre que nos hizo aptos para participar de la herencia de los santos en luz.

—COLOSENSES 1:9-12

Y esto pido en oración, que vuestro amor abunde aún más y más en ciencia y en todo conocimiento, para que aprobéis lo mejor, a fin de que seáis sinceros e irreprensibles para el día de Cristo, llenos de frutos de justicia que son por medio de Jesucristo, para gloria y alabanza de Dios.

—FILIPENSES 1:9-11

ORACIONES PARA PEDIR BENDICIÓN

Nuestro Dios es un Padre celestial bondadoso, misericordioso y amoroso que se deleita en bendecir a sus hijos. Al hablar con Dios, puedes pedirle que te bendiga a ti y a tus seres queridos.

«Jehová te bendiga, y te guarde; Jehová haga resplandecer su rostro sobre ti, y tenga de ti misericordia; Jehová alce sobre ti su rostro, y ponga en ti paz».

—NÚMEROS 6:24-26

E invocó Jabes al Dios de Israel, diciendo: «¡Oh, si me dieras bendición, y ensancharas mi territorio, y si tu mano estuviera conmigo, y me libraras de mal, para que no me dañe!». Y le otorgó Dios lo que pidió.

—1 CRÓNICAS 4:10

ORACIONES PARA PEDIR GUÍA

A veces, saber cuál es el mejor paso a seguir puede ser increíblemente desafiante. Ora estas palabras de David cuando no estés seguro de lo que Dios quiere que hagas.

> A ti, oh, Jehová, levantaré mi alma.
> Dios mío, en ti confío; no sea yo avergonzado, no se alegren de mí mis enemigos...
> Muéstrame, oh, Jehová, tus caminos; enséñame tus sendas. Encamíname en tu verdad, y enséñame, porque tú eres el Dios de mi salvación; en ti he esperado todo el día. Acuérdate, oh, Jehová, de tus piedades y de tus misericordias, que son perpetuas.
>
> —SALMO 25:1-2, 4-6

> «Si he hallado gracia en tus ojos, te ruego que me muestres ahora tu camino, para que te conozca, y halle gracia en tus ojos».
>
> —ÉXODO 33:13

ORACIÓN PARA PEDIR VALENTÍA

Aunque realmente amemos a Dios, a veces dudamos en compartir nuestra fe con los demás. No queremos ofenderlos o temer que no sepamos lo suficiente para responder a todas sus preguntas espirituales. Cuando nos sintamos tímidos o temerosos, podemos pedirle a Dios que nos dé el valor para compartir con los demás.

> «Y ahora, Señor, mira sus amenazas, y concede a tus siervos que con todo denuedo hablen tu palabra, mientras extiendes tu mano para que se hagan sanidades y señales y prodigios mediante el nombre de tu santo Hijo Jesús».
>
> —HECHOS 4:29-30

ORACIÓN PARA PEDIR SALVACIÓN Y AYUDA

Si conoces la historia de Jonás, entonces sabes que esta oración dice mucho. Alaba hoy a Dios con estas palabras. Él te ha salvado. ¡La salvación viene del Señor! Grítalo a los cuatro vientos.

Invoqué en mi angustia a Jehová, y él me oyó; desde el seno del Seol clamé, y mi voz oíste. Me echaste a lo profundo, en medio de los mares, y me rodeó la corriente; todas tus ondas y tus olas pasaron sobre mí. Entonces dije: «Desechado soy de delante de tus ojos; mas aún veré tu santo templo». Las aguas me rodearon hasta el alma, rodeóme el abismo; el alga se enredó a mi cabeza. Descendí a los cimientos de los montes; la tierra echó sus cerrojos sobre mí para siempre; mas tú sacaste mi vida de la sepultura.

Cuando mi alma desfallecía en mí, me acordé de Jehová, y mi oración llegó hasta ti en tu santo templo.

Los que siguen vanidades ilusorias, su misericordia abandonan. Mas yo con voz de alabanza te ofreceré sacrificios; pagaré lo que prometí. La salvación es de Jehová.

—JONÁS 2:2-9

AGRADECIMIENTOS

Gracias a todos mis amigos que me brindaron apoyo, ánimo y ayuda con este libro.

Estoy especialmente agradecido con:

Dudley Delffs: es una maravilla trabajar contigo… (Y sí, acabo de terminar una oración con puntos suspensivos solo para molestarte). Me ha encantado trabajar contigo en cada libro. Tu amistad es un regalo.

David Morris, Brandon Henderson, Tom Dean, Andy Rogers, Brian Phipps, Lori Vanden Bosch y todo el equipo de Zondervan: aprecio su compromiso con la excelencia y la publicación centrada en Cristo.

Tom Winters: gracias por creer en mí y exigir lo mejor.

Tanner Blom, Lori Meeks, Adrianne Manning y Stephanie Pok: son el equipo soñado de la oficina. Gracias por todo lo que hacen para mejorar mi vida y fortalecer la familia de nuestra iglesia.

Amy: eres mi guerrera de oración favorita. Me alegra poder envejecer contigo (lo cual está sucediendo mucho más rápido de lo que esperábamos).